AFO RESUMIDA

ROGER R. OLIVER

ASIN: B08VH7L8HJ
ISBN: 9798702873343

Ilustrações Artísticas: Pixabay, Unsplash, Pexels.
Confecção da Capa: Graphic Design, Canva Pty Ltd

E-mail: rroliverlivros@gmail.com

SUMÁRIO:

1. PRINCÍPIOS

Tenha em mente que existem diversos princípios, uns estão presentes em nossa legislação, outros são sustentados pela nossa doutrina. Com certa frequência aparecem novas doutrinas dando novos nomes aos princípios já existentes. Sendo assim, perceberá que alguns princípios possuem, por exemplo, 3 nomes diferentes.

Características dos princípios:

- Os princípios de AFO são aplicados ao Orçamento (LOA);
- Suas fontes são:
    - ✓ Constituição Federal, legislação infraconstitucional (4.320/64, LC 101), doutrinas;
- Não existe um número exato de princípios; ou seja, não é rol taxativo;
- A desobediência de algum dos Princípios constitui crime.

Tenha em mente que os princípios de AFO são premissas, bases, linhas norteadoras para as distintas fases do ciclo orçamentário.

Por fim, fique bem atento às exceções dos princípios.

1.1. PRINCÍPIO DA UNIVERSALIDADE

E sse princípio é também chamado de Princípio da Globalidade ou Princípio da Globalização. Pressupõe que o orçamento necessita conter as receitas e despesas referentes aos Poderes (Legislativo, Executivo e Judiciário) que integram as Esferas do Governo (União, Estados e Municípios), inclusive suas reservas, e órgãos em geral.

Exceções:

- Não se aplica às receitas extra orçamentárias;
- Não se aplica orçamento operacional das Empresas Públicas e Sociedades de Economia Mista **independentes;**
- Não se aplica às receitas originárias de tributos novos ou majoração de tributos já existentes.

Segundo Sebastião Sant'Anna e Silva, o princípio da universalidade proporciona ao legislativo a oportunidade de:

- Conhecer a priori as receitas e despesas do governo e dar prévia autorização para a respectiva arrecadação e realização;
- Impedir a realização de qualquer operação de receita ou despesa sem prévia autorização parlamentar;
- Conhecer o exato volume global das despesas projetadas pelo governo, de modo a autorizar a cobrança de tributos estritamente necessários

para lhes atender.

No decorrer do livro, você perceberá que existem as receitas e despesas extraorçamentárias, como o nome já nos informa, elas não constarão no orçamento. Para lembrar, utilize o começo da palavra: esse tipo de movimentação é apenas um "extra" ao orçamento, o qual flutua por fora (daí se origina o nome **despesas ou receitas flutuantes**.

1.2. PRINCÍPIO DA UNIDADE

Também chamado de Princípio da Totalidade. Esse princípio pressupõe que o orçamento deve ser uno, ou seja, no âmbito de cada esfera de governo (União, Estados e Municípios) precisa existir um único orçamento para o exercício financeiro.

Conforme explicação de Sergio Mendes, através desse princípio, o orçamento precisa ser "uno", isto é, será necessário existir apenas um orçamento, e não mais que um para cada ente da federação em cada exercício financeiro. Objetiva eliminar a existência de orçamentos paralelos e permitir ao Legislativo o julgamento racional e direto das operações financeiras realizadas pelo Poder Executivo.

Funciona assim desde 1964?

Vale ressaltar que, apesar de ter previsão legal desde a Lei 4.320/1964, o princípio da unidade foi efetivamente colocado em prática somente após a promulgação de nossa atual Constituição. Antes disso, havia diversas peças orçamentárias não consolidadas, como o orçamento monetário, o qual sequer passava pela aprovação legislativa.

Alguns doutrinadores dividem unidade e totalidade:

- Unidade: O orçamento necessita ser "uno", isto é, precisa existir em apenas um orçamento, e não mais que um para cada ente da federação em cada exercício financeiro;

- **Totalidade**: há vários orçamentos consolidados.

Muitas questões misturam os conceitos do Princípio da Universalidade com os do Princípio da Unidade.

1.3. PRINCÍPIO DA ANUALIDADE

O Princípio da Anualidade é também chamado de Princípio da Periodicidade. Esse princípio determina que as estimativas de receita e despesas devem referir-se a um período limitado de tempo, em geral, um ano ou o chamado exercício financeiro, período de vigência do orçamento.

> Aqui no Brasil (diferentemente de outros países), conforme consta no art. 34 da Lei 4.320/64, **o exercício financeiro coincidirá com o ano civil**: começando em 1º de janeiro e terminando em 31 de dezembro.

Exceções:

- Créditos adicionais Especiais e Extraordinários reabertos nos últimos 4 meses de término do exercício;
- Os Créditos Suplementares não estão inclusos nessa exceção, apenas os Especiais e Extraordinário.

Por exemplo: em novembro de 2019, foi aberto um crédito especial no valor de R$ 500.000,00, mas até o final de 2019 foi utilizado apenas R$ 300.000,00 de sua dotação. Caso ainda seja necessário, o restante do crédito (R$ 200.000,00) poderá ser reaberto em janeiro de 2020 para que seja utilizado por mais esse ano.

1.4. PRINCÍPIO DO ORÇAMENTO BRUTO

E sse princípio pressupõe que todas as parcelas da receita e da despesa devam constar de forma bruta, sem deduções. Valores abatidos não são permitidos.

Ao realizar um pagamento de servidor, o Estado retém IRRF e INSS; nesse sentido, no orçamento não poderá constar os valores finais (já descontados), será necessário constar **despesa** com servidor e, posteriormente, entrará a **receita** com os respectivos impostos.

Repare que o Princípio do Orçamento Bruto busca alcançar a transparência.

Um ente público, para receber 10 mil em tributos precisa gastar 2 mil; então, quando for declarar que finalmente recebeu o tributo, não poderá colocar "8 mil arrecadados em emposto"; terá que declarar da maneira mais transparente possível.

Receitas	Despesas	Total
R$ 10.000,00	R$ 2.000,00	
		R$ 8.000,00

Observação final: conforme consta no MCASP, para **transferências constitucionais ou legais**, o ente arrecadador pode, se preferir, tratar a transferência como dedução da receita orçamentária ou como despesa orçamentária.

> Por mais que um pagamento de servidor gera impostos que retornarão aos cofres públicos, a Administração não pode declarar o valor já abatido. Precisa realizar a saída referente ao pagamento, depois uma entrada referente ao imposto recebido (Imposto de renda e previdenciário).

Amparo legal, Lei 4.320/64, Art. 6º, § 1º.

1.5. PRINCÍPIO DA EXCLUSIVIDADE

Excusividade. Esse é um Princípio também chamado de Princípio da Pureza. Como ensina Sanches, o princípio da exclusividade preceitua que na LOA constará apenas as receitas e despesas.

Regra: a Lei Orçamentária deve conter apenas previsão de receitas e fixação de despesas.

Exceção:

- Admitem-se autorizações para:
    1. créditos **Suplementares**; e
    2. operações de crédito, incluindo a antecipação de receita.

É possível incluir na LOA (além das receitas e despesas) não só as **aberturas dos créditos suplementares,** como também as **operações creditícias,** incluindo antecipação da receita (ARO).

Dicas:

1. Na LOA não pode constar autorizações para concessão de isenções e incentivos fiscais para fomentar a economia local, pois fere o Princípio da Exclusividade;

2. Não entram nessa exceção os créditos extraordinários e especiais;

3. A antecipação de receita (ARO) é um empréstimo, em que os bancos cobram valores baixos.

Os juros costumam ser baixíssimos porque a garantia de recebimento é muito alta.

Exemplo: o governo demonstra que receberá 500.000,00 em impostos nos próximos 5 meses e solicita um empréstimo hoje (ARO) de 300.000,00 para pagar daqui 5 a meses.

Segundo doutrinadores e professores, antigamente, eram inseridos muitos dispositivos desconexos na lei orçamentária. Aproveitavam que a LOA tinha um trâmite mais rápido e incluíam matérias estranhas para agilizar a aprovação. Esses assuntos estranhos eram chamados de "caudas orçamentárias", no final, deixou o orçamento com o apelido "orçamento rabilongo".

Para impedir essa prática, e evitar que nosso orçamento seja, mais uma vez, chamado de maneira tão cômica, criaram o princípio da exclusividade.

Chega de explicações e vamos prosseguir com os princípios orçamentários, caso contrário, esse seria mais um Resumo Rabilongo.

Esse princípio consta em nossa Constituição, ou seja, é correto dizer que ele tem previsão constitucional: Art. 165, § 8º;

1.6. PRINCÍPIO DA ESPECIFICAÇÃO

Princípio da especificação. Tal princípio pressupõe que a LOA não consignará dotações globais destinadas a atender indiferentemente a despesas de pessoal, material, serviços de terceiros, transferências ou quaisquer outras.

É também chamado de:

- Princípio do Detalhamento;
- Princípio da Especialização;
- Princípio da Discriminação.

O amparo legal para esse princípio está na Lei 4.320/64, Art. 5º.

Exceções ao Princípio da Especificação:

- **Programa Especial de Trabalho (PET)**, o qual consiste em grande investimento público, complexo e abrangente, e que precisa de dotação global (amparo legal consta no Art. 20, p. único, Lei 4320); e

- **Reserva Contingencial** (Art. 5º, §4º da LRF) - Para situações emergenciais, e que exigem dotações globais.

Amparo legal para o PET (Art. 20, lei 4.320/64): Art. 20, em seu parágrafo único.

O **Princípio da Proibição de Estorno** é também chamado de **Princípio do Não-Estorno**.

Conforme consta no Art. 167, VI e § 5º da CF/88, é ve-dada a transferência de recursos entre diferentes programações de órgãos distintos (exceto para os casos em que exista prévia autorização).

Exceção:
Ato do poder executivo, sem necessidade da prévia autorização legislativa, poderá transpor, remanejar ou transferir recursos de uma categoria de programação no **âmbito** das **atividades de ciência, tecnologia e inovação**, com o objetivo de viabilizar os resultados de projetos restritos a essas funções.

CIT: Ciência, Inovação e tecnologia, pode SEM autorização do legislativo.

Amparo legal do Princípio da Proibição do Estorno (CF/88): Art. 167, VI, § 5º.

1.7. PRINCÍPIO DA QUANTIFICAÇÃO DOS CRÉDITOS ORÇAMENTÁRIOS

 vedada a concessão ou utilização de créditos ilimitados.

- Na prova pode vir algo dizendo que, por se tratar, por exemplo, de despesas com saúde, poderá deixar um valor "infinito" em outras palavras, sem quantificar, e estará errada.

- Nesses casos serão abertos créditos ordinários, especiais, extraordinários, entretanto sempre será quantificado, com o limite de cada crédito.

1.8. PRINCÍPIO DO EQUILÍBRIO

Conforme fundamenta o Princípio do Equilíbrio, as Despesas devem ser iguais às Receitas (não podem superar nem serem inferiores).

> O examinador pode tentar confundi-lo(a), dizendo que a despesa pode ser inferior (já que gerará menos dívida), mas não poderá. Deve estar em equilíbrio, nem faltando e nem sobrando.

Características:

- Estabelece, de forma extremamente simplificada, que os gastos não devem ultrapassar as receitas previstas para o exercício financeiro.

- Atenção! Segundo o Prof. Mendes, também não é permitido sobrar! Se existir mais receita do que despesa será necessário gastar com alguma coisa para igualar. Veja o esquema a seguir.

Caso a receita esteja maior que a despesa, o montante excedente será gasto com:

1. **Despesas de Capital**, as quais consistem em construções, compras (cadeiras para escolas); ou

2. **Despesas Correntes**, as quais consistem, por exemplo, em manutenção de equipamentos.

1.9. PRINCÍPIO DA LEGALIDADE

Princípio de fácil compreensão. Lembre-se do mnemônico LIMPE, na CF/88, Art. 5º, II, Art. 37. O Orçamento e suas alterações somente são válidos se aprovados por lei orçamentária:

- Para ser legal, tanto as receitas quanto as despesas precisam estar previstas na LOA, ou seja, a aprovação do orçamento deve observar processo legislativo porque trata-se de um dispositivo de grande interesse da sociedade;

> Esse princípio gera a obrigatoriedade de publicação, que será abordada na próxima parte.

Em resumo, tenha em mente que toda lei emana da vontade do povo, e os orçamentos são imputados através de leis (orçamentárias, e demais leis com regras duradouras, tais como: Lei 4.320; e LC 101, conhecida como LRF).

Amparo Constitucional: Art. 165, I, II, III; Art. 166.

1.10. PRINCÍPIO DA PUBLICIDADE

Conforme foi possível constatar no capítulo anterior, o Princípio da Publicidade deriva do Princípio da Legalidade.

> Lembre-se do mnemônico LIMPE.

Da mesma forma que esse princípio é estudado no Direito Administrativo, deve ser validamente estudado na matéria de AFO, afinal estamos lidando com leis.

Repare que a publicação é requisito para que o ato orçamentário tenha eficácia. Não está ligado à validade, mas à eficácia.

Segundo o doutrinador Hely Lopes:

[...] os atos irregulares não se convalidam com a publicação, nem os regulares a dispensam para sua exequibilidade, quando a lei ou o regulamento a exige". [i]

O conteúdo orçamentário deve ser divulgado nos veículos oficiais de comunicação para conhecimento do público e para **eficácia** de sua validade.

> Além de publicado, o conteúdo deve ser de fácil acesso.

1.11. PRINCÍPIO DA TRANSPARÊNCIA

Muitas vezes os Princípios da Publicidade e Transparência são tratados como sinônimos. Por precaução, e para garantir que você não perca nenhuma questão de prova, resolvi dividi-los neste resumo.

> Dica: se a sua banca descrever estas características como sendo parte do Princípio da Publicidade, considere correta, mas caso conste nas alternativas o **Princípio da Transparência**, ele será o gabarito correto.

Característica do Princípio da Transparência:

- Terá ampla divulgação, inclusive em meio eletrônico, dos instrumentos de planejamento e orçamento, da prestação de contas e de diversos relatórios e anexos;

  - Deverá haver incentivo governamental à participação popular;

  - Haverá acompanhamento da sociedade, em tempo real, de informações pormenorizadas sobre orçamento e finanças;

  - Adoção de sistema integrado de gestão financeira e controle.

1.12. PRINCÍPIO DA PROGRAMAÇÃO

É um princípio doutrinário relativamente recente. O orçamento público precisa deixar evidente os programas de trabalho. Facilitando, assim, a fiscalização, o gerenciamento e o planejamento.

Características:

Deve ser executado conforme os programas de governo;

O orçamento deve expressar as realizações e objetivos de forma programada, planejada.

1.13. PRINCÍPIO DA UNIFORMIDADE

O Princípio da Uniformidade é também chamado de Princípio da Consistência. Preceitua que o orçamento deve manter uma mínima padronização ou uniformidade na apresentação de seus dados, de forma a permitir que os usuários realizem comparações entre os diversos períodos.

1.14. PRINCÍPIO DA CLAREZA

O Princípio da Clareza é também chamado de:

- Princípio da Objetividade; ou
- **Princípio da Inteligibilidade.**

Segundo esse princípio, o orçamento público precisa ser apresentado em linguagem clara e compreensível a todas as pessoas que, por força do ofício ou interesse, precisarem manipulá-lo.

> Visa a facilitar o controle social. Todos precisam compreender para que possam fiscalizar. Está ligado ao Princípio da Transparência. Ser transparente também é ser claro.

1.15. PRINCÍPIO DA NÃO-AFETAÇÃO

O Princípio da Não-Afetação é também chamado de Princípio da Não-Vinculação. Segundo esse princípio, é vedada a vinculação das receitas. As receitas não podem ter destinação previamente estabelecida (caso contrário, o orçamento ficaria ainda mais inflexível, amarrado, engessado). O princípio da Não-Afetação é aplicado somente a uma parcela dos tributos.

Guarde bem esta palavra: **impostos**.

- Atenção: Segundo o CTN, **Tributos** são:
  1. **Impostos**
  2. Taxas
  3. Contribuições de Melhorias
  4. Etc.

Taxas, **contribuições de melhoria**, e outros **tributos** podem ser afetados.

Exceções ao Princípio da Não-Afetação/Vinculação:

- **Repartição** constitucional dos **impostos** (deslocamento tributário constitucional), que são repassados entre a União, Estados, Municípios e DF (detalhes aprofundados somente ao estudar Direito Tributário);

- Destinação de recursos para a saúde, manutenção e desenvolvimento do ensino, atividade de administração tributária;

- Garantias aos adiantamentos de créditos

(ARO);

- Garantia, contragarantia à União e pagamento de débito para com esta.

> Nesses casos listados, será possível vincular (comprometer, reservar, predestinar) tais receitas (recursos financeiros).

O amparo legal encontra-se em nossa Constituição, no Art. 167, IV.

Será necessário memorizar esta lista. Diversas questões cobraram um desses itens como exceção desse princípio, e era necessário saber que esses podem ser vinculados (comprometidos, reservados, predestinados).

> Não costumo incluir as questões no material, pois é uma forma de poluir o conteúdo de revisão. O ideal é que você abra sua plataforma de questões para utilizar em conjunto com este resumo.

> Esse Princípio da Não-Vinculação da receita de impostos tem como finalidade **aumentar a flexibilidade** na alocação dos recursos.

1.16. PRINCÍPIO DA EXATIDÃO

De acordo com esse princípio, as estimativas devem ser tão exatas quanto possível, de forma a garantir à peça orçamentária um mínimo de consistência para que possa ser empregada como instrumento de programação, gerência e controle.

Segue os dizeres de James Giacomoni:

A exatidão orçamentária envolve questões técnicas e éticas. Desde os primeiros diagnósticos e levantamentos com vistas na elaboração do orçamento proposto, deve existir grande preocupação com a realidade e com a efetiva capacidade de as áreas públicas de nela intervir de forma positiva por intermédio do orçamento. A regra deve ser observada não apenas pelos setores encarregados da política orçamentária, mas também por todos os órgãos executivos que solicitam recursos para a implementação de programas e projetos. A difundida prática de superdimensionamento da solicitação de recursos baseada na inevitabilidade dos cortes configura clara violência ao princípio da exatidão, artificializando a elaboração do orçamento.

> O princípio da exatidão busca evitar o superdimensionamento das solicitações de dotações orçamentárias.

Se o ente público for gastar X reais, deverá solicitar X. Tendo em mente que existe uma margem de "erro" razoável, pois é impossível saber com perfeita exatidão, por exemplo, os valores previstos de arrecadação de tributos do ano.

1.17. PRINCÍPIO DA UTILIDADE

C onforme preceitua o Princípio da Utilidade, a despesa pública deve atender ao custeio dos gastos necessários ao funcionamento dos organismos de Estado, bem como dos serviços públicos, objetivando o atendimento dos interesses da coletividade.

> O importante é saber que esse princípio da utilidade existe e que já foi cobrado. Deve atender aos interesses coletivos e não aos interesses individuais.

1.18. PRINCÍPIO DA GESTÃO ORÇAMENTÁRIA PARTICIPATIVA

Este princípio encontra amparo na Lei de Responsabilidade Fiscal. Segundo este princípio, a participação dos cidadãos precisa ser incentivada através de audiências, durante a elaboração e discussão dos planos, da LDO e dos orçamentos.

Fundamentação: Lei de Responsabilidade Fiscal (Art.48, § 1º, I).

2. PPA, LDO, LOA

2.1. PPA – PLANO PLURIANUAL

O PPA prevê despesa de capital (e custos relativos) e as despesas dos programas contínuos. Amparo legal, CF/88, art. 165, § 1º.

> Despesas de manutenção de prédios já existentes **estarão apenas na LOA**, pois são despesas correntes.

Programas contínuos: são programas que duram mais de 1 ano.

- Mnemônico DOM:
  - Diretrizes
  - Objetivos
  - Metas

Características:

- Planejamento orçamentário de **longo prazo** *(4 anos)*, tendo caráter orientativo;

- Deve ser encaminhado ao Legislativo até **31 de agosto.**
  - 4 meses antes do final do 1º exercício financeiro;

- Discussão e aprovação até **22/12 (22 de dezembro)**
  - retornado para aprovação até o fim da sessão legislativa;

- Nenhum investimento que ultrapasse 1 ano (1 exercício financeiro) poderá ser realizado se não constar no PPA;

Observações sobre Vigência e Prazos do PPA

- Constam no **ADCT (caráter transitório)**
    - Até que Lei Complementar relativa passe a vigorar;
- Válido até terminar o 1º exercício financeiro do próximo mandato presidencial;
- Será enviado até 4 meses antecipadamente ao fim do 1º exercício financeiro e retornado para aprovação até a conclusão da sessão legislativa;
    - Deve ser encaminhado ao Legislativo até **31/08 (31 de agosto)**;
    - Discussão e aprovação até **22/12 (22 de dezembro)**.

> Congresso Nacional: **Senado + Câmara.**

Recapitulando os prazos do PPA para memorização:

- Encaminhamento:
    - ✓ Prazo limite é **4** meses antecipadamente ao término do **1º** exercício financeiro do mandato do Executivo **(31/08)**.
- Devolução:

✓   Até o término da sessão legislativa – 22 de dezembro (EC nº 50/06);

✓   A **vigência** do PPA é diferente da **duração** do mandato.

2.2. LEI DE DIRETRIZES ORÇAMENTÁRIAS

P ontos-chaves:

- As Metas Fiscais contidas na LDO são diferentes das metas do PPA que são metas físicas;

- Segue uma hierarquia especial, sujeita a prazos e ritos peculiares de tramitação, destinada a estabelecer parâmetros para a forma e o conteúdo com que lei de orçamento de cada exercício deve se apresentar e a indicar as prioridades a serem observadas em sua elaboração;

- Compreende metas e prioridades para a Administração Federal;

- Dispõe sobre alterações tributárias

  ✓ Apenas dispões; ou seja, não cria, não altera, não modifica;

- Dispõe sobre as receitas de capital (investimentos) para o orçamento subsequente;

- Orienta a elaboração da LOA;

- Estabelece políticas públicas das agências financeiras (oficiais) de fomento;

- Deve ser enviado ao Poder Legislativo com a data limite em **15/04 (15 de abril)**

  ◦ até 8 meses e meio antes do fim do exercício financeiro

- Discussão e aprovação até **17/07 (17 de julho)**

- retornado para aprovação até o fim do 1º período da sessão legislativa
- Quando não aprovado no prazo, conforme diz a LRF, não haverá recesso parlamentar.

Observações sobre Vigência e Prazos da LDO

- Constam no **ADCT (caráter transitório)**
  - Até entrada em vigor da Lei Complementar

No caso da LDO, o presidente da República deve encaminhá-la ao CN (Congresso) antecipadamente a oito meses e meio (15 de abril) do término do exercício financeiro. A devolução da LDO para sanção deverá ocorrer antecipadamente ao encerramento (17 de julho) do 1º período da sessão legislativa.

Amparo legal, CF/88, art. 165, § 2º.

2.2.1. SEGUNDO A LRF:

A LDO disporá sobre:

❖ Equilíbrio das receitas e despesas;

❖ Requisitos e maneiras para a limitação de empenho;

❖ Controle de custos e o julgamento das contas;

❖ **Critérios para remanejamento de verbas;**

❖ Observações para o uso das reservas de contingências

❖ Datas limites para o envio das peças orçamentárias dos Poderes, Ministério Público, e Tribunal de Contas.

- Base referencial para:

    1. Cálculo das reservas contingenciais;

    2. Cálculo do orçamento impositivo;

    3. Limitação da Dívida;

    4. Limitação das despesas com pessoal

- Seu cálculo se dá através do somatório de todas receitas menos as deduções (transferências). Tais deduções podem estar em diversos dispositivos constitucionais e legais (CF/88, leis comuns, leis complementares, que é o caso da LRF).

Anexos da LDO

Metas Fiscais: são fixadas as metas para o ano, em valores atualizados (para o ano atual e os dois seguintes).

Riscos Fiscais: serão julgados os passivos com chances de afetarem o equilíbrio das receitas e despesas, neste anexo conterá também o que deve ser feito em tais situações.

Anexo específico: constarão os objetivos cambial, creditício, das políticas monetárias, em geral; incluindo a estimativa esperada para a inflação do próximo ano.

2.3. LOA – LEI ORÇAMENTÁRIA ANUAL

L ei Orçamentária Anual (LOA) é uma lei elaborada pelo Poder Executivo responsável pelo estabelecimento das despesas e receitas para o próximo ano.

A Constituição determina que o Orçamento deve ser votado e aprovado até o final de cada ano (também chamado sessão legislativa). Compete ao Chefe do Executivo enviar ao CN (Congresso) o PPA, LDO e as propostas de orçamento previstas nesta Constituição.

Características:

- A LOA é o orçamento propriamente dito;

- Prevê da forma mais exata possível as receitas e autoriza as despesas para o exercício seguinte;

- Ela possui um caráter autorizativo:

  ◦ Diferentemente da LOA, o PPA e a LDO são orientativos;

- Despesas não previstas na LOA não podem ser gastas;

- O PLOA será enviado em conjunto com um demonstrativo do efeito das isenções de receitas e despesas referentes a cada região;

- A LOA possui os mesmos prazos do PPA:

  ✓ Deve ser encaminhado ao Legislativo até **31/08 (31 de agosto)** – 4 meses antecipadamente ao término do 1º exercício financeiro;

✓   Discussão e aprovação até **22/12 (22 de dezembro)**;

✓   E será entregue para aprovação até o fim da **sessão do legislativo.**

> O Orçamento anual visa concretizar os objetivos e metas propostas no Plano Plurianual, segundo as diretrizes estabelecidas pela LDO.

Indo além:

- A LOA é uma **lei formal** porque é emanada de um órgão com competência legislativa;

- **Não é material**, pois apenas prevê as receitas públicas e autoriza os gastos, não tendo a necessária abstração e generalidade que caracteriza as leis materiais
  - O orçamento não modifica as leis financeiras e tributárias, tampouco cria direitos subjetivos
  - É uma condição, um pré-requisito para que a despesa seja realizada (ato-condição), já que a arrecadação de receitas e a realização de despesas, na maioria das vezes, decorrem de leis ou contratos anteriores (atos-regra).

O que acontece quando a LOA não é aprovada dentro do prazo:

- Será a LDO que tratará sobre a não aprovação da LOA dentro do prazo. Sobre a temática, serão estabelecidas regras para a realização de despesas essenciais até que ele seja devolvido ao Executivo."

Regra dos duodécimos:

✓   A cada ano, as LDOs determinam que, se o PLOA não for sancionado pelo Presidente da República até 31 de dezembro do ano corrente, parte da programação dele constante poderá ser executada até o limite de 1/12 do total de cada ação prevista no referido projeto de lei, multiplicado pelo número de meses decorridos até a sanção da respectiva lei. Exceções: despesas com obrigações constitucionais ou legais da União e o pagamento de bolsas de estudos.

- **A LOA é uma lei formal**: a lei orçamentária não obriga o administrador público a realizar determinada despesa, apenas autoriza os gastos. Falta coercibilidade, pois nem sempre obriga o Poder Público, que pode, por exemplo, deixar de realizar uma despesa autorizada pelo legislativo. É considerada uma lei de efeitos concretos.

- **A LOA é uma lei temporária**: vigência limitada ao período de um ano.

> Aqui no Brasil (diferentemente de outros países), conforme consta no art. 34 da Lei 4.320/64, o exercício financeiro coincidirá com o ano civil: começando em 1º de janeiro e terminando em 31 de dezembro.

- **Lei ordinária**: LOA, LDO, PPA e os créditos suplementares e especiais são leis ordinárias. Não se exige quórum qualificado para sua aprovação, sendo necessária apenas a maioria simples.

- **A LOA é uma lei especial:** possui processo legislativo diferenciado. A iniciativa é do Executivo e trata de matéria específica: previsão e fixação, respectivamente de receita e **despesas."**

- PPA e LDO não podem sofrer rejeição, entretanto a *LOA pode;*

- Após aprovação, alteração somente através de créditos adicionais.

2.3.1. SEGUNDO A LRF:

Deverá ser elaborada de acordo com o PPA e a LDO, devendo estar ainda de acordo com as metas estabelecidas no Anexo de Metas Fiscais. Não é permitida a inclusão de dotação de investimento com duração acima de um exercício financeiro (exceto se estiver previsto no Plano Plurianual ou autorização legal).

Deverá trazer como despesas da União as do Banco Central do Brasil, relativas a pessoal e encargos sociais, custeio administrativo, inclusive os destinados a benefícios e assistência aos servidores, e a investimentos.

Deverá considerar como obrigação do Tesouro para o Banco Central o resultado negativo deste.

2.3.2. INFORMAÇÕES COMPLEMENTARES SOBRE A LOA

Vale a pena lembrar do conceito de empresa estatal dependente. De acordo com Sérgio Mendes, empresa estatal dependente é uma empresa controlada. Para uma empresa ser controlada, é preciso da participação acionária da Administração acima de 50% (com direito a voto). Porém, que recebe do ente controlador recursos financeiros para pagamento de gastos com pessoal ou de custeio em geral ou de capital. No caso da despesa de capital, que receba **apenas recursos provenientes de aumento** de participação acionária, não será considerada estatal dependente. [ii]

Esquema:

- Sendo estatal **dependente**, integrará a peça orçamentária da Seguridade social e fiscal;

- Se for estatal **não dependente**, integrará o Orçamento de **Investimentos**. Não segue a LRF.

Recapitulando os prazos da LDO para memorização:

- Encaminhamento:

  ✓ Até 4 meses antes do fim do exercício (31 de agosto).

- Devolução:

  ✓ Até o término da sessão legislativa (22 de dezembro);

  ✓ Se o Legislativo não receber a proposta, considerará a LOA vigente (aprovada no ano anterior).

3. ABERTURAS DE CRÉDITOS

3.1. ABERTURA DE CRÉDITOS

Os créditos adicionais são classificados em Suplementares, Especiais e Extraordinários. Para os **Suplementares** e **Especiais** a autorização é feita por lei, e sua abertura por Decreto Executivo. Precisa existirem recursos e uma devida justificativa.

Para os **Extraordinários** não é preciso de lei, mas apenas do decreto do Executivo; no entanto, o conhecimento por parte do Legislativo se dará de imediato.

Em regra, os créditos adicionais (gênero), caso não haja autorização legal, ficarão vigentes apenas no ano corrente.

Os Créditos Suplementares são destinados a reforço de dotação orçamentária.

Pontos-chaves:

- São utilizados para reforçar dotação orçamentária já prevista (ou seja, os créditos suplementares incorporam-se ao orçamento, adicionando-se à dotação orçamentária que deva reforçar);

- Autorização por lei (LOA ou Lei Especial);

- Abertos por Decreto do Poder Executivo;

- Vigência limitada ao exercício financeiro (**não prorrogável**);

- É uma exceção ao princípio da **Exclusividade**, já que pode estar contido na LOA;

- Para a abertura dos créditos suplementares, a indicação das fontes de recursos será **obrigatória**;

- **Janelas Orçamentárias:** São dotações orçamentárias com valores muito pequenos no orçamento.

3.1.1. CRÉDITOS ESPECIAIS

Os Créditos Especiais são destinados aos gastos sem dotações especificadas.

Pontos-chaves:

- Será criado quando não houver dotação orçamentária específica;

- Autorização por lei **(não pela LOA);**

- Abertos por Decreto do Poder Executivo;

- A vigência desses créditos é limitada ao exercício financeiro, salvo se criados nos últimos 4 meses do exercício (setembro), nesse caso poderão ser abertos novamente apenas para o valor ainda não gasto (e poderão viger até o final do próximo exercício financeiro);

- Exceção à regra da Anualidade **e** Legalidade;

- Indicação **obrigatória** das fontes de recursos;

- Mantém suas características, o reforço é feito para o mesmo crédito.

3.1.2. CRÉDITOS EXTRAORDINÁRIOS

Os créditos Extraordinários são destinados às despesas urgentes e não previstas, para casos de catástrofes, calamidades e guerras.

Pontos-chaves:

- São designados a gastos urgentes e imprevisíveis;

- Não precisa de prévia aprovação de lei;

- Abertos e autorizados por **Medida Provisória**; (Certos Estados não preveem MP em suas Constituições, a abertura se dará por Decreto);

- O Crédito Extraordinário é muito célere (no mesmo dia pode ser aberto);

- Vigência limitado ao exercício financeiro

  - ✓ Salvo se promulgado nos últimos quatro meses do exercício, casos em que, reabertos com o limite referente ao saldo restante, e sua vigência se dará até o final do exercício seguinte.

  - ✓ Últimos quatro meses → setembro (09)

- Exceção à regra da **Anualidade e Legalidade;**

- Indicação **facultativa** das fontes de recursos;

- Mantém suas características, mesmas regras já contidas nesse crédito;

- **STF:** A Lei de conversão não convalida os vícios existentes na medida provisória.

3.1.3. FONTES DOS CRÉDITOS ADICIONAIS

Para que os créditos suplementares e especiais sejam abertos, será preciso a indicação das fontes.

> Isso não ocorre para os créditos extraordinários, já que a abertura se dá em meio à urgência interina.

Para decorar as fontes, utilize o mnemônico ROSERA:

- **R**eservas de contingência;
- Movimentações crédito concedida através de lei (receita de capital);
- Superávit do orçamento anterior;
- Excesso arrecadatório;
- Recursos sem dotação específica;
- Anulação de despesas.

4. CICLO ORÇAMENTÁRIO

O ciclo orçamentário, ou processo orçamentário, pode ser definido como um processo contínuo, dinâmico e flexível, através do qual se elabora, aprova, executa, controla (e avalia) os programas do setor público nos aspectos físicos e financeiro, corresponde, portanto, ao período de tempo em que se processam as atividades típicas do orçamento público.

Ele é dividido tradicionalmente pela doutrina dessa maneira:

Segundo consta no Art. 84 da CF, compete **privativamente** ao Presidente da República (XXIII, Parágrafo único).

Obs.: Perceba que a competência é privativa e não exclusiva. Isso significa dizer que ela pode ser delegada. **Entretanto, está errado**, pois essa competência é exclusiva. Houve uma imprecisão por parte de nosso legislador constitucional. Essa competência é indelegável.

Caso venha em sua prova: "de acordo com a Constituição, não hesite em considerar correto caso

> conste *privativo*.

Vale a pena comentar que essa competência é vinculada, ou seja, o Chefe do Poder Executivo não tem outra escolha a não ser publicar as leis nas datas previstas no ADCT.

> O Ciclo Orçamentário **não** terá a mesma duração de um exercício financeiro.

Este, na realidade, é o período durante o qual se executa o orçamento, correspondendo, portanto, a uma das fases do ciclo orçamentário. No Brasil, o exercício financeiro coincide com o ano civil, ou seja, inicia em 01 de janeiro e termina em 31 de dezembro de cada ano, de acordo com a Lei 4.320, Art. 34. Por outro lado, o ciclo orçamentário é um período muito maior, iniciando com o processo de elaboração do orçamento, passando pela execução e encerramento com controle.

- Para se ter uma ideia, o ciclo orçamentário de 1990 (Fernando Collor), que ainda não terminou, está na etapa de avaliação, faltando o julgamento das contas. Isso indica que o ciclo orçamentário continua em processo, com suas etapas acontecendo independentemente de outras terem se acabado ou não (ciclo de 2022 em etapa de elaboração, o ciclo de 2021 em etapa de execução, anos passados em etapas de controle, e por aí vai).

4.1.1. ETAPAS

Identifica-se, basicamente, quatro etapas no ciclo orçamentário ou processo orçamentário:

1º   Elaboração (proposta do orçamento);

2º   Discussão do Orçamento (e aprovação);

3º   Execução (financeira, orçamentária); e

4º   Avaliação e Controle.

Atenção para a "**etapa estendida**" (defendida por alguns doutrinadores), a qual já foi cobrada em provas.

A **etapa estendida** (ou **versão ampliada**) seguirá essa ordem, podendo variar:

1º   previsão da receita;

2º   fixação das despesas;

3º   elaboração das propostas setoriais;

4º   processo legislativo;

5º   sanção da lei;

6º   execução orçamentária;

7º   acompanhamento e controle;

8º   avaliação.

Como podem ver, em uma prova do **CESPE (STF/2013)**, a banca cobrou a visão ampliada do ciclo orçamentário, que compreende 8 fases. Segundo Sanches, o ciclo orçamentário compreende as seguintes fases:[iii]

1º   formulação do planejamento plurianual, pelo Executivo;

2º apreciação e adequação do plano, pelo Legislativo;

3º proposição de metas e prioridades para a administração e das regras de transferências de recursos pelo Executivo;

4º apreciação e adequação da LDO, pelo Legislativo;

5º elaboração da proposta de orçamento, pelo Executivo;

6º apreciação, adequação e autorização legislativa;

7º execução dos orçamentos aprovados;

8º avaliação da execução e julgamento das contas. [iv]

> **Observação:** Conforme explicado pelo Prof. Marcel Guimarães, a banca CESPE, absurdamente, tem dito que na CF/88 consta que o ciclo orçamentário tem 8 fases (baseando-se no texto de Sanches). No entanto, a CF/88 não diz nem que existem 4 fases do ciclo orçamentário, quanto mais 8 fases. Enfim, saiba que o assunto tem sido cobrado e a banca mantém seu posicionamento rígido na afirmação de que existem 8 fases no ciclo orçamentário, chamando-o de **ciclo orçamentário ampliado**.

Sem muita preocupação, pois não existe consenso sobre o assunto:

Conforme cobrado pela CESPE, são 8 fases:

1º Elaboração PPA → Executivo
2º Aprovação PPA → Legislativo
3º Elaboração LDO → Executivo
4º Aprovação LDO → Legislativo
5º Elaboração LOA → Executivo
6º Aprovação LOA → Legislativo
7º Execução LOA → Executivo
8º Controle (PPA, LDO, LOA)

Ou assim:

1º previsão da receita;

2º fixação das despesas;

3º elaboração das propostas setoriais;

4º processo legislativo;

5º sanção da lei;

6º execução orçamentária;

7º acompanhamento e controle;

8º avaliação.

Temos também doutrinadores que defender 7 etapas:

1º Elaboração do orçamento;

2º Discussão;

3º Votação;

4º Aprovação da Lei orçamentária;

5º Execução;

6º   Controle;

7º   Avaliação da execução orçamentária.

No entanto, seguem o mesmo pensamento, uns especificam (aprofundam) mais do que outros.

4.1.2. ELABORAÇÃO DO ORÇAMENTO

A elaboração será de iniciativa do Executivo (União, Estados, DF e Municípios) e terá a seguinte ordem:

1º fixação da meta fiscal;

2º projeção das receitas;

3º projeção das despesas obrigatórias; e

4º apuração das despesas discricionárias.

O encaminhamento da LOA, LDO, e PPA ao CN é de competência privativa do Presidente da República.

> Para fixar: apesar de na Constituição constar privativo, o envio não pode ser delegado; na verdade, é de competência exclusiva do Poder Executivo. A constituição não foi rigorosamente técnica. Além disso, saiba que possui uma iniciativa vinculada (obrigatória).

Quanto ao Poder Judiciário e Ministério Público: os tribunais elaborarão suas propostas conforme os limites estabelecidos na LDO (em conjunto com os demais poderes). Além disso, terá as seguintes características:

- Tais tribunais possuem autonomia; entretanto, devem seguir os limites da LDO;

- Os tribunais não enviam diretamente ao Legislativo, mas sim ao Executivo;

- O Executivo por sua vez envia tudo junto, em um único orçamento, ao Legislativo.

Caso os tribunais não enviar a proposta de orçamento ao Executivo:

- O Executivo considerará os valores constantes na LOA vigente (aprovada no ano anterior) com os ajustes baseados na LDO atual.

> DPU, DPEs e DPDF também deverão seguir os limites estabelecidos na LDO; e não consta na legislação sobre o não envio.

Possíveis etapas do processo de elaboração:

1. Planejamento do Processo de Elaboração;

2. Definição de Macro diretrizes;

3. Revisão da Estrutura Programática;

4. Avaliação da necessidade do governo para a Proposta Orçamentária;

5. Estudo, Definição e Divulgação de Limites para a Proposta Setorial;

6. Captação da Proposta Setorial;

7. Análise e Ajuste da Proposta Setorial;

8. Fechamento, Compatibilização e Consolidação da Proposta Orçamentária;

9. Elaboração e Formalização da **Mensagem**

Presidencial e do Projeto de Lei Orçamentária;

10. Elaboração e Formalização das Informações Complementares ao PLOA.

> Se uma proposta de orçamento não for enviada ao Legislativo, será utilizada a proposta de orçamento em vigor (aquela aprovada no ano anterior).

Na prática, após a promulgação da CF/88 isso nunca ocorreu. Pois o orçamento vigente estaria defasado, já que seria o orçamento aprovado no ano anterior.

Atenção a essas 3 observações:

- 1) O Poder Executivo é o responsável por receber as propostas orçamentárias setoriais, propostas orçamentárias do Ministério Públicos e propostas orçamentárias dos demais poderes (Judiciário, Legislativo), agrupá-las em uma única peça, criando assim o **projeto de orçamento** (**PLOA**), para, por fim, enviar ao Poder Legislativo, mais especificamente ao Congresso Nacional (para discussão e aprovação);

- 2) Não confundir esse detalhe: o Poder Legislativo enviará sua proposta de orçamento para o Poder Executivo, que por sua vez agrupará o orçamento com os dos demais poderes (elabora o PLOA). Por fim, conforme na observação 1, o Poder Executivo envia tudo pronto para o Congresso Nacional;

- 3) O Tribunal de Contas não pertence ao Poder Legislativo, mas ele enviará sua proposta de orçamento para o Poder Legislativo enviar para o Poder Executivo consolidar na PLOA.

4.1.3. DISCUSSÃO

Esta fase também é chamada de Votação, Estudo ou Aprovação.

Ela ocorrerá no Congresso Nacional, que constituirá a Comissão Mista de Planos, Orçamentos Públicos e Fiscalização (**C.M.O.**) para realizar a votação, discussão e aprovação.

A C.M.O é composta por 40 membros (30 Deputados e 10 Senadores) mais 40 suplentes.

Amparo legal: Art. 166, CF/88.

> Perceba que o que tramita no Congresso é o projeto, não é a proposta, nem o orçamento. Estamos falando do PLOA que se transformará em LOA após discussão, votação e aprovação.

Emendas Parlamentares:

> Atenção a essa parte, pois cai muito em provas.

Emendas parlamentares são realizadas durante a comissão mista. Essa comissão apreciará as emendas e emitirá parecer conforme os termos regimentais.

A comissão mista é formada pelo Plenário de ambas as casas do CN (Congresso Nacional).

Existem 3 tipos de emendas ao PLOA:

- As que alteram **texto**, quadros e tabelas do projeto;

- As que alteram a **estimativa da receita**;

- As que alteram as **despesas.**

> São 3 modalidades: remanejamento, apropriação e cancelamento.

> Além disso, as emendas podem ter autoria individual (cada Senador ou Deputado apresenta a sua), autoria coletiva, autoria de bancada (estaduais e regionais), de comissão (existem comissões técnicas nas duas casas), e de relatoria.

Veja alguns pontos importantes:

As emendas ao PLDO, para serem aprovadas, será necessário plena compatibilidade com o PPA;

As emendas ao PLOA ou aos projetos que o modifiquem somente podem ser aprovadas caso:

- 1 — Compatibilidade com PPA e LDO;

- 2 — Apresentem os recursos indispensáveis, admitidos somente os vindos de **anulação de gastos**, exceto os que coincidam com:

  ◦ Gastos com servidores e custos relativos;

  ◦ Serviço da dívida (para que a dívida não vire uma bola de neve);

  ◦ Deslocação de tributos constitucionais para DF, municípios e Estados (caso não existisse tal exceção, haveria um jogo político e, por exemplo, vários cancelamentos de verbas para Estados e Municípios).

- 3 — Ou Sejam relacionadas:

  - Retificações de erros ou lacunas (conteúdo omisso);

  - Aos trechos da lei.

Conforme consta na Lei 4.320:

- Não se admitirão emenda ao projeto de lei orçamento (PLOA) que visem:

  ✓ Alterar a dotação solicitada para despesa de custeio, **salvo quando provada, nesse ponto a inexatidão da proposta;**

  ✓ Conceder dotação para o início de obra cujo projeto não esteja aprovado pelos órgãos competentes;

  ✓ Conceder dotação para instalação ou funcionamento de serviço que não esteja anteriormente criado;

  ✓ Conceder dotação superior aos quantitativos previamente fixados em resolução do Poder Legislativo para concessão de auxílios e subvenções.

- Reestimativa de receita por parte do Poder Legislativo:

  ✓ Só será admitida se comprovado erro ou omissão de ordem técnica ou legal;

> ⚠️ Obs.: O Chefe do Executivo poderá enviar mensagem ao CN propondo alteração nos projetos encaminhados (LOA, LDO, PPA e créditos adicionais), desde que a discussão ainda não tenha sido iniciada, na comissão mista — apenas da parte que será alterada (art. 166, § 8º).

Se o presidente quiser enviar uma mensagem modificando a proposta, terá que fazer antes que a votação daquela parte se inicie. Detalhe: é antes que a votação da parte cuja a alteração é proposta se inicie.

Aprovação das emendas:

- Em cada uma das Casas do Poder Legislativo, a aprovação se dá por **maioria simples**

    ◦ São leis ordinárias (aprovação pela maioria simples basta)

- Não haverá recesso parlamentar sem que antes tenha havido a aprovação do PLDO.

> 💣 **Atenção**: tal regra não se aplica ao PLOA e ao PLPPA (recesso de fim de ano não será interrompido)

Sanção e Veto

- **Sanção**

  - É a aquiescência do Executivo com o que foi aprovado no Legislativo;

- **Veto**

  - É a discordância do Executivo com o que foi aprovado no Legislativo;

  - Ocorre quando o titular do Executivo considera o projeto inconstitucional ou contrário ao interesse público;

  - Pode ser parcial ou total.

O que acontece caso o poder Legislativo não devolver o PLOA para o Executivo sancionar?

Isso acontece quando a fase de discussão demora muito. Nesse caso o Presidente ao começar o ano pode executar o que estava no PLOA (quando se referir a despesas inadiáveis) seguindo essa regra:

- Poderá executar 1/12 avos x meses decorridos para despesas inadiáveis;

- Existem mais regras específicas (mas não cai em prova);

- Tem despesas que são inadiáveis e serão executadas integralmente

■ Ex.: bolsas de estudos

Emendas Impositivas (EC 86, 100, 105, 105)

O orçamento brasileiro possui predominantemente um caráter autorizativo, e vem sofrendo mudanças que o está deixando com características **impositivas (execução compulsória).**

Essas características foram inseridas pelas Emendas Constitucionais: 86/15, 100/19, 102/19 e 105/19. E de lá para cá esse assunto tem caído muito em provas.

Caso ainda não tenha lido todos os parágrafos acrescentados pelas Emendas Constitucionais recomendo depois que ler esse capítulo esquematizado, ir até a Constituição e ler também o artigo 166 e seus 20 parágrafos. Acredito que ficará bem mais fácil de compreender.

Conforme expliquei, o PLOA poderá sofrer alterações na fase de discussão.

Atualmente existem emendas de diferentes autorias (individuais, coletivas – bancada e comissão –, relatoria), mas apenas a emendas de autoria individual e de bancada é que possuem caráter impositivo.

Então fique atento: as emendas coletivas como um todo não são impositivas, mas apenas as emendas de bancadas (coletiva se subdivide em comissão e bancada).

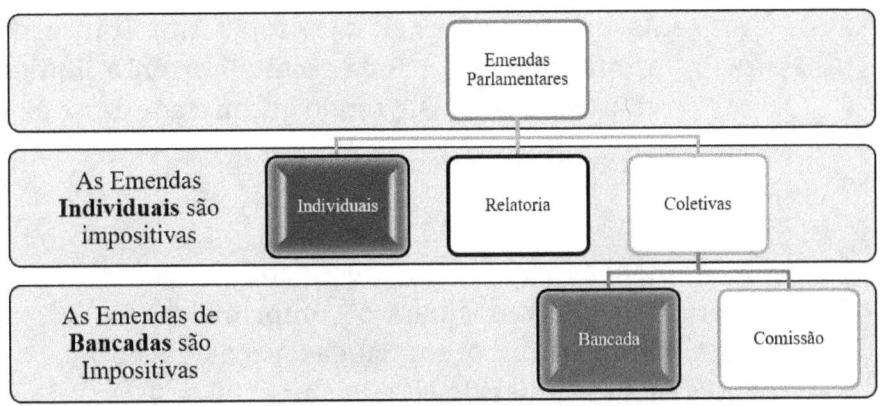

Por que essa impossibilidade vem surgindo?

Para não ficar só na base do decoreba, vamos compreender o porquê isso vem surgindo em nosso orçamento.

Os parlamentares, através das aprovações das emendas no orçamento, conseguem enviar recursos para a sua base de aliados. Isso é, consegue reformar ou construir obras na cidade, estado ou região onde sua base de votos se concentra.

Ao perceberem que essas emendas eram apenas autorizativas, e que o Executivo não realizava as reformas, decidiram transformar parte delas em **impositiva**. Ou seja, essas emendas de bancada ou individual, agora o Executivo terá que executar.

Conforme nossa Carta Magna, em seu Art. 166, parágrafo 9, 10, 11 e 12, temos que:

- As **emendas individuais** terão um limite de aprovação de **1,2%** da receita **corrente líquida** constante do PLOA, sendo que **metade** desse percentual (**0,6%**) será para a **Saúde**;

> Essas emendas individuais destinadas à Saúde poderão ser utilizadas para o comprimento de investimento mínimo em Saúde que os governantes estão submetidos (CF/88, art. 198, I, § 2). Atenção: essa verba não poderá ser destinada ao pagamento de pessoal ou encargos sociais.

- As emendas de bancada terão um limite de aprovação de 1% (aqui não tem exigência para saúde);

- Essas emendas, individuais e de bancadas, serão de execução obrigatória, ou seja: serão impositivas.

O Poder Executivo poderá deixar de executá-las caso haja algum impedimento de ordem técnica.

> Exemplo: existe uma emenda parlamentar que impunha a construção de um hospital próximo à praia, e a equipe de engenheiros constatou que não é possível construir um hospital na areia.
>
> **Memorize:** a definição dos **impedimentos** deverá seguir um cronograma e procedimentos que constarão na **LDO**.

Indo mais a fundo, pois as bancas gostam é dos detalhes:

Segundo opinião dominante na doutrina, essas emendas impositivas podem ser inscritas em **restos a pagar** (despesas empenhadas, e não pagas, total ou parcialmente, até o final do exercício) com certos limites: **0,6%** para as individuais e **0,5%** para as de bancada. Será uma **lei complementar** que disporá sobre o cumprimento dessa regra.

Temos ainda a situação onde consta reestimativa da receita e despesa, que resulte no não cumprimento da meta de resultado fiscal (estabelecida na LDO); e nesse caso poderá haver redução das emendas impositivas, mas deverá seguir a mesma porcentagem de redução das emendas discricionárias. Ou seja, se for necessário cortar gastos, não poderá eliminar por completo as despesas impositivas, mas proporcionalmente às reduções das outras emendas discricionárias. Igualmente ao parágrafo anterior, será uma **lei complementar** que tratará do assunto.

Caso o ente (Estado, DF e municípios) receba uma transferência da União relativa a essas emendas impositivas, não integrará no cálculo da RCL para fins de limite de pessoal. Ou seja, se o ente estiver inadimplente, poderá receber as emendas e executá-las normalmente.

RCL = Receita Corrente Líquida.

Duas pegadinhas:

1ª – As transferências voluntárias dependem de adimplência e constam expressamente no art. 25 da LRF. Então fique atento, pois as emendas impositivas são de transferências obrigatórias.

> 2ª – A transferência não integrará a base de cálculo das RCL para fins de limite com pessoal.

Vamos agora ao § 20, Art. 166 da CF/88:

As **emendas de bancada**, cuja execução tenha duração maior que um ano, deverão ser emendadas **pela mesma bancada** anualmente até finalizar a execução (ou seja, até concluir a obra ou empreendimento).

> Isso inclui as emendas para projetos já iniciados; se entrar no projeto já iniciado, vai até o fim.
>
> Não serve para as emendas individuais, pois um parlamentar pode não ser eleito ou mudar de partido e alterar sua maneira de pensar; mas a bancada é mais rígida e permanecerá ao longo dos anos.

Estamos terminando.

As emendas devem ser executadas de maneira igualitária e impessoal, seguindo critérios objetivos e imparciais. Isso é, se o governador for de Direita terá que executar uma emenda impositiva de um parlamentar de Esquerda. Aqui novamente será **lei complementar** que tratará sobre os critérios.

Vamos recapitular, nesse tópico, tivemos 3 temas que serão tratados por **lei complementar**:

- Limites de emendas individuais e de bancadas, respectivamente 0,6% e 0,5%, das despesas inscritas em restos a pagar;

- Redução de despesas **impositivas** na mesma proporção das despesas discricionárias;

- Execução equitativa.

Outra alteração Constitucional que tentou aumentar a característica impositiva do orçamento, foi a do Art. 165, § 10, reforçando que a **Administração** tem a **obrigação** de **executar programações orçamentárias**, adotando medidas cabíveis que garanta tal execução, a qual entregará bens e serviços à sociedade.

Ao mesmo tempo, o parágrafo seguinte abranda essa obrigação:

- Tal obrigatoriedade é para dispositivos constitucionais que estabeleçam metas fiscais, limites de despesas;
- Será permitido o cancelamento de despesas necessário à abertura dos créditos adicionais;
- Será permitido o cancelamento devido a impedimentos de ordem técnica;
- Aplica-se exclusivamente às despesas primárias discricionárias.

Para finalizar o assunto sobre as emendas impositivas, saiba que estamos encaminhando para a criação de mais um princípio de AFO. Segundo a Câmara dos Deputados, em 2020, foi publicado um texto em seu site informando que existe mais um princípio que define o dever de execução das programações orçamentárias.

Isso não é consenso e ainda não consta em nenhuma doutrina. Muito pelo contrário, os professores acham muito contraditório dizer que o orçamento é impositivo.

Enfim, saiba que os textos publicados em sites oficiais do Legislativo podem ser utilizados em questões indicando a existência desse novo Princípio do Orçamento Impositivo. [v]

4.1.4. EXECUÇÃO

N a execução orçamentária, é onde ocorre a utilização das dotações dos créditos consignados na LOA.

> Crédito: dotação ou autorização de gasto ou sua descentralização.

- Não confundir execução financeira

com execução orçamentária.

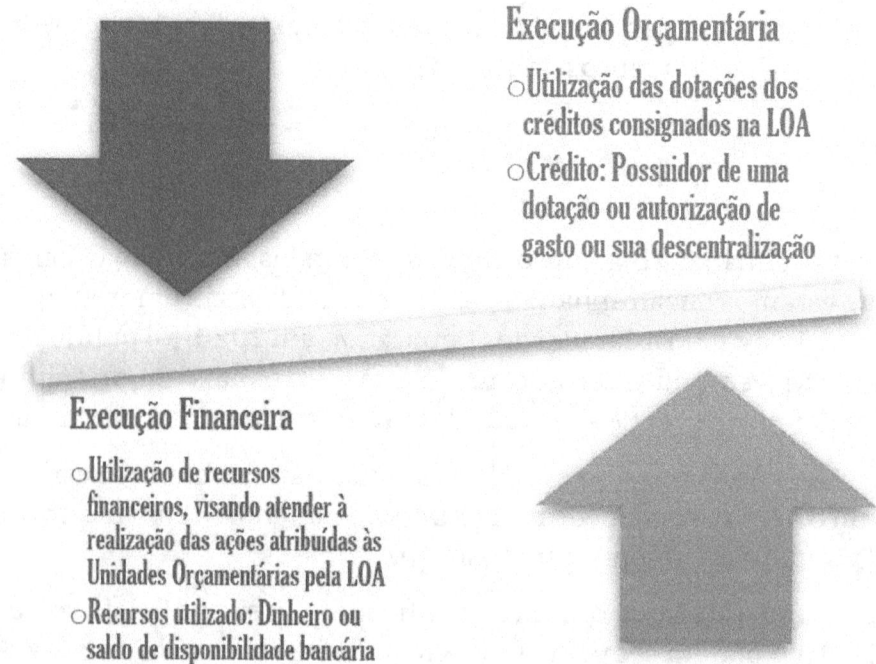

Execução Orçamentária

o Utilização das dotações dos créditos consignados na LOA
o Crédito: Possuidor de uma dotação ou autorização de gasto ou sua descentralização

Execução Financeira

o Utilização de recursos financeiros, visando atender à realização das ações atribuídas às Unidades Orçamentárias pela LOA
o Recursos utilizado: Dinheiro ou saldo de disponibilidade bancária

Na execução financeira, haverá utilização de recursos financeiros, visando atender à realização das ações atribuídas às Unidades Orçamentárias pela LOA.

> Recursos utilizados: dinheiro ou saldo de disponibilidade bancária.

Continuando...

Relatório Resumido da Execução Orçamentária

Art. 165, §3:

> O poder Executivo publicará, até 30 dias após o encerramento de cada <u>bimestre</u>, relatório resumido da execução orçamentária (RREO).

Pontos importantes:

- O RREO é emitido a cada **bimestre** pelos Titulares dos poderes e órgãos;

- Não confundir com Relatório de Gestão Fiscal;

- Na constituição consta apenas o RREO (e na LRF consta o RGF.

Pontos importantes:

- O RGF é emitido a cada **quadrimestre** pelos Titulares dos poderes e órgãos;

- Será assinado pelo Presidente e demais membros da Mesa Diretora (ou órgãos decisórios equivalente), Presidente de Tribunal e demais membros de Conselho de Administração (ou órgãos decisórios equivalente), Chefe do MPU e do MPE.

Execução Orçamentária e Cumprimento das Metas

Em até 30 dias após a publicação dos orçamentos, nos termos em que dispuser a LDO, o Poder Executivo estabelecerá a programação financeira e o cronograma de execução mensal de desembolso.

4.1.5. AVALIAÇÃO E CONTROLE

O controle externo é aquele realizado por uma instituição independente e autônoma. O controle interno é aquele realizado pelo órgão no âmbito da própria Administração, do próprio Poder, dentro de sua estrutura.

Atenção para os diferentes tipos de fiscalizações.

Fiscalização contábil: aplicação das verbas públicas conforme as técnicas contábeis;

Fiscalização financeira: fluxo de recursos administrados pelo gestor;

Fiscalização orçamentária: arrecadação e investimento da verba pública, conforme os instrumentos previstos na Constituição;

Fiscalização operacional: verificação do cumprimento de metas, resultados, eficácia e eficiência de gestão das verbas;

Fiscalização patrimonial: controle, salvaguarda, conservação e alienação de bens públicos.

Prestará contas qualquer pessoa física ou jurídica, pública ou privada, que utilize, arrecade, guarde, gerencie ou administre dinheiros, bens e valores públicos ou pelos quais a União responda ou que, em nome desta, assuma obrigações de natureza pecuniária.

- Eficiência: relação entre os recursos efetivamente utilizados para a realização de uma meta frente a padrões estabelecidos;

- Eficácia: aufere o nível de alcance dos objetivos pré-estabelecidos;

- **Efetividade:** capacidade de se transformar uma realidade a partir do objetivo estabelecido e sua continuidade ao longo do tempo. Permite verificar se um dado programa trouxe modificações positivas no ambiente que tenha atuado (tais modificações são percebidas e sentidas pela sociedade).

Controle Interno

Anteriormente, falamos sobre os aspectos gerais do tópico controle. A partir deste momento, entraremos no **controle interno**. Veremos como o controle interno é descrito na Constituição e depois como consta na Lei 4.320/64.

Dizer que a responsabilidade é solidária, é o mesmo que dizer que os responsáveis pelo controle interno são cúmplices das irregularidades não comunicadas ao TCU.

O Poder Executivo exercerá os três tipos de controle a que se refere o artigo 75, sem prejuízo das atribuições do Tribunal de Contas ou órgão equivalente.

> Atualmente não existe um órgão equivalente. Todos que forem submetidos ao controle externo responderão perante um Tribunal de Contas respectivo.

Esse controle será feito, quando for o caso, em termos de unidades de medida, previamente estabelecidos para cada atividade.

Segundo a lei 4.320/64, o controle de legalidade será prévio, concomitante e subsequente.

> Controle Concomitante = ocorrerá durante a execução do ato. É o mesmo que Controle

Simultâneo.

Controle Externo

Segundo a Constituição, o titular do Controle Externo será para: União, Estados, DF e Municípios.

- **União**: será pelo Congresso Nacional, com auxílio do Tribunal de Contas da União.

- **Estados**: será pelas Assembleias Legislativas, com auxílio do Tribunal de Contas do Estado.

- **DF** → Câmara Legislativa, com ajuda do Tribunal de Contas.

- **Municípios** → Câmaras Municipais, com auxílio do:

    ◦ Tribunal de contas do Estado, como regra geral;

    ◦ Tribunal de Contas Municipais, e em cidades do estado da BA, CE, PA e GO;

    ◦ Tribunal de Contas do Município, nos municípios de SP e RJ (são os únicos municípios brasileiros que possuem Tribunais de Contas próprios).

O amparo legal conta na CF/88, Art. 71.

Saindo de Avaliação e Controle, agora vamos falar sobre os pontos importantes no **Ciclo Orçamentário**.

4.1.6. CONTEÚDO DA PROPOSTA ORÇAMENTÁRIA

N a proposta orçamentária conterá uma mensagem, o projeto de lei orçamentária, especificação de programas e tabelas explicativas. Vamos falar mais um pouco sobre cada item contido na proposta.

Conteúdo:

- Mensagem contendo exposição circunstanciada da situação econômico-financeira

  ○ A mensagem será documentada com demonstração da dívida fundada e flutuante, saldos de créditos especiais, restos a pagar e outros compromissos financeiros exigíveis; exposição e justificação da política econômico-financeira do Governo; justificação da receita e despesa, particularmente no tocante aos orçamentos de capital;

- Projeto de Lei de Orçamento;

- Especificação dos programas especiais de trabalho custeados por dotações globais

  ○ Em termos de metas visadas, decompostas em estimativa do custo das obras a realizar e dos serviços a prestar, acompanhadas de justificação econômica, financeira, social e administrativa (Lei 4.320/64);

- Tabelas explicativas sobre receitas e despesas de vários anos, em colunas distintas e para fins de comparação (Lei 4.320/64).

4.1.7. COMISSÃO MISTA DE ORÇAMENTO (CMO):

O nome completo da CMO é Comissão Mista de Planos, Orçamentos Públicos e Fiscalização. Essa comissão é composta por Deputados e Senadores.

Cabe a CMO:

1) Examinar e emitir parecer sobre:

- Os projetos relativos ao PPA, LDO, LOA e créditos adicionais;

- As contas apresentadas ano a ano pelo Chefe do Executivo;

- Os planos e programas setoriais, regionais e nacionais previstos nesta Constituição.

2) Exercer

- Análise do orçamento. Acompanhar e Fiscalizar a peça orçamentária, sem prejudicar a atuação das outras comissões do CN e de suas Casas criadas de acordo com a CF/88.

4.2. RITO DE APROVAÇÃO

O rito de aprovação ocorre em todas as Leis Orçamentárias (PPA, LDO, LOA). O Brasil utiliza o Orçamento do tipo misto.

A aprovação seguirá esse rito:

- 1º - TCU, MPU, JUD, etc → encaminham para o **Poder Executivo**.

- 2º - **Poder Executivo** (SOF, MPOG) Encaminha a proposta orçamentária para o Legislativo.

  - Caso a proposta ainda não tenha sido votada, será possível alterar a LOA através de **mensagem retificadora**

    - Enquanto estiver em tramitação pelo Congresso, e a votação não tenha se iniciado, poderá ser enviado a **mensagem;**

- 3º - No Legislativo, a **CMO** (Comissão Mista de Orçamento, formada por Deputados e Senadores) inicia a votação para aprovação;

- 4º - Devolvem para o Executivo para sanção ou veto.

4.3. CONTINGENCIAMENTO DE GASTO

No que tange ao acompanhamento e controle, os Poderes e o Ministério Público poderão limitar empenho e movimentação financeira. Atente-se a essa regra (LRF, Art. 9º) para haver a limitação de empenho e movimentação será necessário verificar, ao final de um bimestre, que a realização da receita não comporta o cumprimento dos objetivos de resultado primário.

> ⚠ As bancas podem tentar trocar **bimestre** por trimestre ou quadrimestre.

Na prática, as verbas contingenciadas ficam com o empenho e movimentação financeira limitados.

Através do contingenciamento é possível:

- Criar um cronograma de compromissos com os gastos;
- Garantir que a legislação não seja violada;
- Equilibrar as contas ao longo do período financeiro.

Será a LDO que definirá os critérios e a forma de tal contingenciamento. Basicamente será através de decreto para o âmbito do Poder Executivo, e ato próprio para os demais poderes.

Cada um dos Poderes (e o Ministério Público) realizarão a limitação por ato próprio. Ou seja, não é competência do Executivo o contingenciamento de gastos do Ministério Público.

Por que é importante saber disso?

Porque vemos nos noticiários que muito se fala em contingenciamento de gastos pelo Presidente nos Ministérios. Perceba que tais ministérios são do Poder Executivo e não se confundem com outros poderes, muito menos com o Ministério Público.

A regra da separação dos poderes estará presente inclusive em caso de inércia de órgão de outro Poder, Tribunal de Contas e Ministério Público.

5. ORÇAMENTO PÚBLICO - TIPOS, ESPÉCIES, FUNÇÕES

5.1. ORÇAMENTO PÚBLICO

O orçamento público, como solicitação do Executivo ao Legislativo para arrecadar receita e efetuar gastos, tem seu nascimento reconhecido em 1822, quando o chanceler do Erário da Inglaterra apresentou ao Parlamento um documento com esse teor.

Conceitos:

As opções e decisões para a elaboração do orçamento podem ser classificadas segundo o processo decisório em: descendente (top-down), ascendente (up-down) e intermediário/misto.[vi]

Processo descendente (top-down): os objetivos são estabelecidos em função das necessidades, sem maior consideração aos meios. Aos níveis mais baixos da hierarquia cabe apenas elaborar os planos de trabalho em consonância com os objetivos fixados pela cúpula.

Processo ascendente (up-down): os objetivos são estabelecidos pelos órgãos inferiores da hierarquia e são aprovados pela administração central. Nesse processo cada unidade operacional deve relacionar seu planejamento, orçamento e avaliação às necessidades em relação aos meios disponíveis.

Processo intermediário ou misto: os níveis hierárquicos mais altos traçam as diretrizes e os objetivos em função dos meios disponíveis, e com esses parâmetros as unidades operacionais elaboram os planos de trabalho que serão consolidados setorialmente nos Ministérios ou Secretarias e, finalmente, no órgão central de planejamento.

O processo misto é o adotado no Brasil.

Veja o que o mestre James Giacomoni tem a dizer sobre o orçamento público:

O orçamento é um dos mais antigos e tradicionais instrumentos utilizados na gestão dos negócios públicos. Foi concebido inicialmente como um mecanismo eficaz de controle político dos órgãos de representação sobre os Executivos, e sofreu, ao longo do tempo, mudanças no plano conceitual e técnico para acompanhar a própria evolução das funções do Estado.

5.3. ESPÉCIES DE ORÇAMENTO

N o Brasil, atualmente, é utilizado o orçamento-programa. A evolução do Estado moderno fez com que o orçamento público sofresse alterações numa dimensão evolutiva de tal forma que houvesse um ajuste às demandas técnicas e sociais. Ocorreram, assim, alterações, motivadas especialmente por novas teorias e técnicas que se difundiram num cenário globalizado. O professor utiliza a denominação espécies, embora alguns autores utilizem o termo tipos de orçamentos. [vii]

> Novamente para reforçar: as bancas costumam chamar "espécies" de "tipos."

Orçamento Clássico (ou Tradicional): Apenas se preocupa com aspecto jurídico para controle político, prevendo receitas e fixando despesas. Sua principal preocupação era mostrar como e com o que está sendo gasto os recursos públicos.

Orçamento de Desempenho (Realização): Foca no resultado final, e não apenas em números.

Orçamento Base Zero (Estratégia): Ênfase na eficiência, considerando que as despesas são novas a cada ano, tendo todas elas que ser justificadas e exigindo, assim, maior comprometimento e chances em atingir objetivos e metas. Parte-se do zero a cada ano.

Orçamento-Programa (Moderno): Instrumento de planejamento do governo. Ênfase nas realizações, portanto na efetividade. Elo entre gestão, planejamento e orçamento. Objetiva o planejamento e por mais que sirva para prestar contas, este não é o seu objetivo.

Orçamento Participativo: Participação plena (de fato) da população nos processos, democratizando a relação Estado e Sociedade. Ocorre perda de flexibilidade. Maior rigidez na programação de investimentos. A legalidade e o Legislativo não deixam de ter sua participação.

5.2. TIPOS DE ORÇAMENTO

Atenção. As bancas costumam trocar "espécies" por "tipos." Aceite. As espécies são: Orçamento Legislativo, Orçamento Executivo e Orçamento Misto.

Orçamento Legislativo: Elaboração, discussão, e controle são realizados pelo Legislativo. Característico em países parlamentaristas.

Orçamento Executivo: Elaboração, discussão, controle, incluindo a execução, são feitas pelo Executivo. Típico de regimes autoritários.

Orçamento Misto: A elaboração e execução são do Executivo e cabe ao Legislativo a discussão e controle. Adotado no Brasil.

Orçamento Misto:

> No Brasil utiliza-se o orçamento misto.

Orçamento **MISTO:**

Executivo Elabora,

Legislativo Vota e Aprova,

Executivo Executa,

Legislativo Controla.

5.3.1. ORÇAMENTO TRADICIONAL

O Orçamento Tradicional (também conhecido como Orçamento Clássico) está ultrapassado e a banca utiliza essas características para comparar com as demais espécies de orçamento. Segue uma coletânea das principais características já cobradas em provas:

- No Orçamento Tradicional, não existe planejamento (ou seja, o planejamento é desmembrado do orçamento);

- Fator mais importante de classificação são as unidades administrativas e elementos;

- Baseia-se no orçamento do exercício anterior;

- Despreocupação com efetividade;

- Visa à aquisição de meios;

- Ênfase nos aspectos contábeis e não nos resultados (é apenas instrumento contábil);

- Não há discussões sobre metas nem sobre objetivos;

- Ênfase nas unidades administrativas (consideram-se as necessidades financeira das unidades);

- Categorização primária por elementos e unidades administrativas;

- Acompanhamento e controle dos resultados são tênues (a efetividade não é medida);

- A legalidade e honestidade dos atos do administrador são escrutinadas.

O foco era no "produto a ser adquirido" (ou serviço), e não no objetivo; não existia uma preocupação com o orçamento; era um documento formalmente acabado; era simplesmente um instrumento de controle (político), ou seja, os aspectos econômicos eram deixados em segundo plano.

5.3.2. ORÇAMENTO DE DESEMPENHO

O Orçamento de Desempenho também é chamado de Orçamento por Realizações. Essa espécie orçamentária dá ênfase no resultado, mas não em números apenas.

Clássico   Programa

Desempenho

Devem ser levados em consideração 2 quesitos:

✓ O objeto de gasto (secundário);

✓ Programa contendo as ações desenvolvidas.

Um dos pontos fracos dessa espécie de orçamento é a separação da peça orçamentária do planejamento.

Outras duas características:

• Existiam indicadores/resultados; e

- Visão retrospectiva.

5.3.3. ORÇAMENTO BASE ZERO

Observações importantes:

- Alguns professores consideram o Orçamento base Zero como sendo uma **forma de elaboração** e não como "**espécie**" ou "**tipo**";

- Outros autores consideram o termo Base Zero como uma **técnica** que pode ser aplicada em alguns grupos de despesas;

- Muitos países utilizam o "Base Zero" como uma técnica para apoiar o Orçamento Programa.

O uso da espécie, orçamento, ou procedimento "Base Zero" evita sobras e faltas de recursos. Seria o ideal para o Brasil, mas a implementação não é possível devido à grande burocracia existente.

> No Brasil, não há **tempo** nem **pessoal** para organizar o orçamento do Zero.

Ao aplicar essa espécie de orçamento, será necessário que todas as despesas de cada repartição pública sejam justificadas detalhadamente como se cada item programático se tratasse de uma nova iniciativa.

Veja outras características importantes (que já caíram em provas):

- Todo o conhecimento prévio acerca das execuções em exercícios anteriores seria desconsiderado;

- Não gera direito adquirido sobre despesas anteriormente autorizadas;

- Envolve um processo moroso e oneroso;

- Desvinculado de Planejamento;

- Decisões voltadas para a maximização da eficiência na destinação das verbas públicas;

- Avaliação e Tomada de decisão ocupam papel primário; e

- Formato (apresentação e organização) ocupa papel secundário.

Resolução do Conselho Federal de Contabilidade, CFC nº 1142 de 21/11/2008:

"**Encargos financeiros** são a soma das despesas financeiras, dos custos de transação, prêmios, descontos, ágios, deságios e assemelhados. a qual representa a diferença entre os valores recebidos e os valores pagos (ou a pagar) a terceiros."

A diferença entre os valores recebidos e os valores pagos será a defasagem entre receitas e despesas previstas.

Atenção para as desvantagens do Orçamento Base Zero:

- No início, o preparo é mais demorado e mais caro;

- A preparação dos resumos produz montanhas de papéis;

- A implantação exige motivação dos funcionários;

- Um grande percentual do orçamento é intocável

devido às exigências legais;

- Pouca participação dos níveis hierárquicos superiores.

5.3.4. ORÇAMENTO PROGRAMA

O Orçamento Programa é o atual e mais moderno Orçamento Público, está intimamente ligado ao planejamento, e representa o maior nível de classificação das ações governamentais.

O **Orçamento-programa** é um instrumento de planejamento da ação do Governo, por meio da identificação dos seus programas de trabalho, projetos e atividades, com estabelecimento de objetivos e metas a serem implementados e previsão dos custos relacionados.

> O gasto público no orçamento-programa deve estar vinculado a uma finalidade. A banca Cespe tem entendido em algumas provas que a definição dos produtos finais de um programa é um dos desafios do orçamento-programa, já que algumas atividades também adicionam valores intangíveis, em complemento aos físicos, como uma ação relacionada com treinamento de servidores. Diria que o número de servidores qualificados apresenta um resultado tangível, entretanto os efeitos em relação à melhoria dos processos de trabalho são mais subjetivos.

Características:

- Ações melhor planejadas;

- Identificação dos gastos e realização por programas e sua comparação em termos absolutos e relativos;

- Orçamento mais preciso;

- Inter-relação entre custo e programação vincul-ada a objetivos;

- Maior possibilidade de redução de custos;

- Mais fácil identificar funções duplas;

- Ênfase na realização e não em números;

- Melhor controle e execução do programa.

5.3.5. ORÇAMENTO PARTICIPATIVO

O Orçamento Participativo também é considerado por alguns professores como uma forma de elaboração e não como espécie ou tipo. O orçamento participativo no Brasil é de âmbito local, não existe em âmbito nacional.

Características:

- Objetiva a participação da população na destinação das verbas públicas;
- Não vai contra o orçamento programa e não possui uma metodologia única;
- Não há perda da participação do Legislativo e nem diretamente de legitimidade;
- Segundo a LRF, deve ser incentivada a participação popular e a realização de audiências públicas durante toda a elaboração do orçamento.
- Segundo a CF, o Chefe do Executivo encaminhará as leis orçamentárias ao Legislativo (o Presidente possui a iniciativa).

Desvantagens:

- Perda da flexibilidade;
- Inflexibilidade maior na programação dos investimentos.

5.3.6. EVOLUÇÃO DAS ESPÉCIES ORÇAMENTÁRIAS

Podemos dividir em 3 fases:

- 1ª Orçamento Tradicional ou Clássico: Ênfase naquilo que se **compra** (foco no objeto);

- Orçamento de Desempenho ou de Realizações (ou ainda Orçamento Funcional): Ênfase naquilo que se **faz** (foco no objetivo)

    - Obs.: A ênfase passa a ser na **busca de eficiência** e de **economia** nas repartições públicas e não na adequação dos seus produtos às necessidades coletivas;

- Orçamento Programa: Vincula o orçamento ao **Planejamento.** [viii]

5.3.7. ORÇAMENTO NO BRASIL

O marco legal (introdução do orçamento) se deu com a publicação da Lei 4.320/64 e o Decreto 200/67. Foi consolidado pela atual Constituição em 1988 ao vincular o Processo Orçamentário aos Instrumentos de planejamento (PPA, LDO e LOA). E foi efetivado (entenda como marco gerencial) com o Decreto 2829/98 (Reforma Orçamentária do Estado) e LC 101/2000 (LRF), os quais serviram de base para a implantação do primeiro PPA (recebeu o nome de Avança Brasil), vigeu de 2000 a 2003.

Atualmente, o Brasil utiliza:

- Espécie → Orçamento Programa;
- Forma de Elaboração → Incremental;
- Tipo → Misto;

5.3.8. COMPARAÇÃO ENTRE ORÇAMENTO TRADICIONAL E ORÇAMENTO-PROGRAMA

V amos à tabela comparativa:

Orçamento Tradicional	Orçamento Programa
Planejamento e Orçamento são tratados separadamente	Planejamento e Orçamento são tratados em conjunto
Foca em aquisição de meios	Foca em Objetivos e Metas
Consideram-se as carências financeiras das unidades	Consideram-se as análises das alternativas disponíveis e todos os custos
Ênfase nos aspectos contábeis	Foco nos aspectos do planejamento e das funções administrativas.
Categorização é feita por unidades administrativas e elementos	Classificações principais: funcional e programáticas
Acompanhamento e aferição de resultados praticamente inexistentes	Utilização consistente de parâmetros para acompanhamento e aferição dos resultados
Controle da Legalidade e honestidade do administrador	Controle visa a eficiência, eficácia e efetividade

5.4. FUNÇÕES CLÁSSICAS DO ORÇAMENTO

Para atingir os objetivos de estabilidade, crescimento e correção das falhas de mercado, o Governo intervém na economia, utilizando-se do Orçamento Público e das funções orçamentárias. As três funções orçamentárias clássicas apontadas pelos autores são alocativa, distributiva e estabilizadora. [ix]

5.4.1. FUNÇÃO ALOCATIVA

A Função Alocativa corresponde à atuação dos governos na complementação da ação do mercado. Quando falhas no sistema econômico são detectadas, sem que o mercado consiga dar conta, o Estado tem a capacidade de alocar (disponibilizar) recursos para corrigir distorções.

Pontos-chaves:

- Oferecer bens e serviços à sociedade;

- Visa à promoção de ajustamento na alocação de recursos;

- É o Estado oferecendo determinadas benesses necessárias e desejadas pela sociedade, porém não providas pelo setor privado;

- Se o Estado não oferecer os bens e serviços, ele oferecerá condições para que o setor privado atue;

- Não se limita a ações positiva (subsídios), pode ser negativa

- ✓ Para uma indústria que irá poluir o meio ambiente, a função alocativa atuará desincentivando → imposição de valores a serem pagos pela indústria.

Os **bens públicos** são aqueles ofertados para

todos. Já os **meritórios** são ofertados para parcela da população que não tem condição de pagar por esses bens.

- Exemplo:
  - ✓ Criação de um metrô. Não é economicamente viável para a iniciativa privada, já que não auferiria lucros suficientes para cobrir as despesas de infraestrutura (bilhões são gastos com escavação dos túneis e construções necessárias);
  - ✓ Escolas e Hospitais (o setor privado não oferece a todos).

5.4.2. FUNÇÃO DISTRIBUTIVA

N a Função Distributiva o Estado realiza a organização da distribuição da renda, resultante dos fatores de produção – capital, trabalho e terra – e da venda dos serviços desses fatores no mercado.

Pontos-chaves:

- Distribuir Rendas;

- Visa à promoção de ajustamento na distribuição de renda;

- Sistemas de tributos e de transferências;

- Corrigir falhas do mercado (capitalista);

- Quanto mais distributivo, maior a carga tributária;

- Quanto mais distributivo, maior a carga tributária;

- Exemplos:

✓ Bolsa Família, Fome Zero,

✓ Imposto de Renda (quem ganha mais, paga mais),

✓ INSS (quem ganha mais, paga mais),

✓ Imposto sobre certos produtos (bens luxuosos possuem tributos maiores para que o arroz e feijão fique mais acessível aos que precisam).

5.4.3. FUNÇÃO ESTABILIZADORA

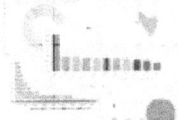

A Função Estabilizadora diz respeito ao uso da política orçamentária com o objetivo de manter o emprego, a estabilidade econômica e o controle de preços. Essa política pode se manifestar diretamente, através da variação dos gastos públicos em consumo e investimento, ou indiretamente, pela redução das alíquotas de impostos, que eleva a renda disponível do setor privado.

✓ Visa manter a estabilidade econômica;

✓ Diferente das outras, **não tem finalidade a destinação de recursos;**

✓ Campo de atuação, geralmente: manter elevado nível de emprego;

✓ Manter estabilidade nos níveis de preços;

✓ Combate à inflação;

✓ Situação do País em relação ao restante do mundo;

5.5. COMPETÊNCIA ORÇAMENTÁRIA

5.5.1. COMPETÊNCIA CONCORRENTE

Segundo a Constituição (Art. 24), será de competência concorrente entre União, Estados e Distrito Federal para legislar sobre o Direito Financeiro e o Orçamento.

✓ No entanto, compete aos <u>Municípios</u> legislar sobre assuntos de interesse local e suplementar à legislação federal e à legislação estadual no que couber;

✓ Assim, apesar de <u>não concorrerem</u> com a União e os estados, os municípios legislam naquilo que for de interesse local e suplementam a legislação federal e a estadual, sem contrariá-las.

6. RECEITAS E DESPESAS PÚBLICAS

6.1. RECEITA PÚBLICA

A Receita Pública é o montante total (impostos, taxas, contribuições entre outras fontes de recursos) em dinheiro recolhido pelo Tesouro Nacional, incorporado ao patrimônio do Estado, que serve para custear as despesas públicas e as necessidades de investimentos públicos.

Resumidamente:

Receita Pública consiste na entrada de recursos (bens e direitos) que se incorporam ao patrimônio público.

Genericamente, as entradas de verbas nos cofres do Estado são chamadas de Receitas Públicas, registradas como orçamentárias, quando configuram disponibilidades de recursos financeiros, ou, flutuantes, quando não. De modo mais específico, são Receitas Públicas apenas às Orçamentárias.

6.1.1. CLASSIFICAÇÃO DAS RECEITAS

E xistem diversas classificações para as receitas públicas, tais como origem, natureza, categoria econômica, e outras. Separei a seguir um compilado dessas classificações.

6.1.1.1. Quanto à Origem

As receitas públicas são classificadas em derivadas ou originárias.

- Originárias

  ○ Exploração do próprio patrimônio;

  ○ Exemplos das atividades estatais: aluguéis, venda de bens e serviços, contratos, herança vacante, doações, vias públicas, mercados, espaços em aeroportos.

- Derivadas

  ○ Exploração do patrimônio alheio, de contribuições pagas compulsoriamente;

  ○ Exemplos: **tributos e multas.**

6.1.1.2. Quanto ao Impacto no Patrimônio Líquido

As Receitas Públicas podem impactar no patrimônio líquido ou não.

- Efetivas: entradas de verbas não atreladas a obrigações, mudando a condição patrimonial

  ○ Ex.: Receita de tributos (entram como Receitas

Correntes).

- Não-efetivas: ingressos de recursos que não mudam a condição líquida patrimonial, pois possuem uma contraprestação

  ◦ Ex.: Empréstimos (entram como Receitas de Capital).

6.1.1.3. Quanto à Natureza

- Orçamentária ou Extraorçamentária

  ◦ Orçamentária: são receitas que devem estar previstas na LOA

    ▪ Ou seja, é o próprio Orçamento;

  ◦ Extraorçamentárias: são valores que, embora tenham ingressado nos cofres públicos, não pertencem ao órgão público

    ▪ Exemplo: Garantias, fianças, cauções.

6.1.1.4. Quanto à Categoria Econômica

Essa classificação aplica-se somente às receitas orçamentárias. Temos as Receitas de Capitais e as Receitas Correntes.

1 – Receitas Correntes

Receitas Correntes: são receitas constantes; ou seja, recebidas continuamente pelo ente público e com as quais ele pode contar para fazer frente às despesas (pagar despesas).

Por sua vez, as **receitas correntes** se subdividem em:

- **Tributária** (Impostos, Taxas e Contribuições de melhorias);

- **Contribuições** (especiais)
  - Exemplo: CIDE;

- **Patrimoniais**
  - São entradas de verbas originadas de rendimentos sobre investimentos do ativo permanente, de aplicações de disponibilidade em operações de mercado e outros rendimentos oriundos de renda de ativos permanentes.
  - Exemplos: Juros, aluguéis, dividendos, receitas de concessões e permissões; taxa de ocupação de terrenos; taxa de ocupação de imóveis funcionais e próprios; remuneração de depósito bancário; remuneração de investimentos; compensação financeira com royalties pela produção de petróleo ou gás natural.

- **Agropecuárias**
  - Proveniente da atividade ou da exploração agropecuárias;
  - Exemplo: quando uma universidade rural vende gado ou produção de salada advinda da própria horta;

- **Industriais**

- Se dá através de grandes indústrias (Petrobrás);

- **Serviços** (são cobradas Taxas)

  - Serviços de transporte, saúde, comunicação, portuário;

  - A cobrança de taxa não significa apenas lucro e alta rentabilidade; pode ser apenas o valor gasto para fornecer o serviço prestado;

- **Transferências Correntes**

  - Se dá através de remessa de recurso de um órgão para outro com finalidade específica (ou seja, são provenientes de outros entes, desde que o objetivo seja as despesas correntes);

  - Exemplo: acontece quando a União faz um repasse de recursos para um Estado específico

  - Esse recurso, determinado pela União, será para promover a manutenção e reforma dos Órgão Públicos;

- **Outras Receitas Correntes**

  - Exemplos: Juros, indenizações, restituições;

2 - Receita de Capital

As receitas de Capital são esporádicas.

Exemplos:

- Alienação
- Superávit do orçamento corrente
- Transferências de Capital
- Amortização de créditos concedidos
- Outras Receitas de Capital
- Operação de Crédito

6.1.1.5. Quanto à Destinação

Classificação quanto à destinação este se referindo à vinculação da receita.

- Receitas **Ordinárias**
  - São aquelas que não estão vinculadas a nenhuma despesa específica;
- Receitas **Vinculadas**
  - São aquelas que devem ser utilizadas para pagar despesas específicas;
  - Exemplo: Taxas e contribuições.

Receita Corrente e de Capital podem ser usadas para Despesa corrente e de Capital. Exemplo: receita de alienação (queima patrimônio público), a qual deve ser usada para despesa de Capital; exceto para regime de previdência, constante em pessoal e seus encargos (quando autorizado em LEI).

6.1.1.6. Receita por Fonte de Recurso

Primeiro veja a subclassificação do Grupo de Fontes de Recurso (mnemônico, "**TOTOC**"):

1. Recursos do Tesouro (exercício corrente)

2. Recursos de Outras Fontes (exercício corrente)

3. Recursos do Tesouro (exercício anteriores)

4. Recursos de Outras Fontes (exercício anteriores)

5. **Recursos Condicionados** (recursos que dependem de alguma aprovação para que sejam executados) [x]

Fonte de Recursos:

- Receitas Intraorçamentárias [xi]
    - Realizadas entre órgãos (ou seja, possuem o mesmo orçamento);
    - Pagamentos internos (nesses pagamentos, o orçamento não sofre variação);
- Transferências **Intergovernamentais**
    - Não geram receitas, nem despesas intraorçamentárias
        - Exemplo: União transferindo para o Paraná
        - São Orçamentos diversos
            - ✓ Despesa para a União
            - ✓ Receita para o Paraná
- Além disso, podem ser voluntárias ou constitucionais (obrigatórias).

- RCL: para contabilizá-la, é necessário utilizar o mês atual somado aos onze anteriores.
    - Somatório das receitas

- Menos transferências obrigatórias

- Menos contribuições Seguridade Social

- Menos valores arrecadados PIS/PASEP

- Menos contribuições Custeio Previdência

  ◦ A RCL deve ser acompanhada de um relatório

Resumindo as principais classificações:

- Quanto à Origem, pode ser

  ◦ Originária ou Derivada;

- Quanto à Natureza

  ◦ Orçamentária ou Extraorçamentária;

- Quanto à Categoria Econômica

  ◦ Corrente ou de Capital;

- Quanto à Destinação

  ◦ Vinculado ou Ordinária;

- Quanto ao Impacto no PL

  ◦ Será analisada a efetividade: se altera o patrimônio líquido ou não;

6.1.2. ESTÁGIOS OU FASES DAS RECEITAS

O s estágios (ou fases) da receita pública são: previsão, lançamento, arrecadação e recolhimento. Alguns doutrinadores excluem a "previsão" desses estágios. Sendo assim, se a banca disser que as fases das receitas orçamentárias públicas são lançamento, arrecadação, e recolhimento, aceite.

Pontos-chaves:

- Previsão
    - Quantifica a expectativa de arrecadação;
    - É feita com base nas receitas arrecadadas no exercício anterior;
- Lançamento
    - Procedimento administrativo que permite ao fisco cobrar as receitas devidas dos contribuintes;
    - É a fase mais complexa:
        - Emitir a NF (fato gerador);
        - Identificar o sujeito passivo (contribuinte);
        - Checar isenções ou benefícios;
- Arrecadação
    - Estágio que os contribuintes comparecem perante os agentes que fazem a ar-

recadação (ou seja, Momento que o contribuinte paga);

- Recolhimento

  - Fase que ocorre o repasse dos valores aos cofres públicos;

  - São repassados e armazenados em Conta Única;

Para decorar quais são os estágios (ou fases) da Receita, você também pode utilizar o mnemônico "**PLAR**".

PLAR:

- Previsão;
- Lançamento;
- Arrecadação;
- Recolhimento.

6.2. DESPESA PÚBLICA

A despesa orçamentária pública é o conjunto de dispêndios realizados pelos entes públicos para o funcionamento e manutenção dos serviços públicos prestados à sociedade. Os dispêndios, assim como os ingressos, são tipificados em orçamentários e extraorçamentários.

> Despesa: saídas de recursos dos cofres públicos.

Dessa forma, despesa orçamentária é toda transação que depende de autorização legislativa, na forma de consignação de dotação orçamentária, para ser efetivada. Dispêndio extraorçamentário é aquele que não consta na LOA, compreendendo determinadas saídas de numerários decorrentes de depósitos, quitação de restos a pagar, resgate de ARO e recursos transitórios.

6.2.1. CLASSIFICAÇÕES DAS DESPESAS

Natureza. no que tange a Natureza, basicamente será utilizado o mesmo raciocínio da Receita. Teremos despesas orçamentárias e flutuantes.

- Orçamentárias

    - São os gastos que devem estar previstos na lei de orçamento anual (LOA);

- Flutuantes (Extraorçamentárias)

    - Constituem meras devoluções de valores que ingressaram nos cofres públicos;

    - Ex.: Receitas Extraorçamentárias

        ✓ 1º Ingressam nos cofres públicos, depois saem através de despesas Extraorçamentárias; ou

        ✓ Ingressa de fato no orçamento como Receitas Orçamentárias;

    - Também chamada de **Dispêndios Extraorçamentários**: não consta na lei orçamentária anual, compreendendo determinadas saídas de numerários decorrentes de depósitos, quitação de restos a pagar, resgate de ARO e recursos transitórios.

Categoria Econômica.

Novamente, será utilizado o mesmo raciocínio da Receita. Teremos Despesa Corrente e Despesa de Capital.

Despesas Correntes (De Custeio, Manutenção).

- São utilizadas para promover as atividades públicas (para manutenção);
  - Ex.: Energia elétrica, água, esgoto, aluguel, material de escritório, etc.
- Transferências Correntes:
  - União transfere dinheiro para manutenção de órgão em SP
  - Esses recursos são orientados a manutenção (despesa para a União, Receita para SP);
- Pessoal e seus encargos, juros e encargos da Dívida.

Despesas De Capital

- **Investimentos**
  - Despesas com a criação de novos bens (Construção);
- **Inversão Financeira**
  - Troca de dinheiro por bens
  - Sai dinheiro, entra bem (compra de um prédio)

- **Transferências de capital**
  - ◦ União transfere para algum estado
  - ◦ Amortização da Dívida

Efetividade

Mesmo raciocínio utilizado nas Receitas (**Quanto ao Impacto no PL**).

- **Efetivas**
  - ◦ São as despesas que reduzem a situação líquida patrimonial;
  - ◦ Ex.: Despesas correntes;
- **Não efetiva**
  - ◦ São as despesas que não mudam a situação líquida patrimonial;
    - ■ Ex.: Despesas De Capital;
  - ◦ Mutação Patrimonial → fatos permutativos;

Instituição

Chamada de Classificação Institucional.

Essa classificação mostra a estrutura organizacional de alocação dos créditos orçamentários.

- **Onde foi gasto?**
  - ◦ Órgão orçamentário;
  - ◦ Unidade orçamentária;

No Governo Federal são cinco dígitos: X X X X X

- Ministério da Justiça: 30000

- Departamento de Polícia Rodoviária Federal: 30107

- Defensoria Pública da União: 30109

- Fundo Nacional de Segurança Pública: 30911

- Função

   - A função é representada pelos dois primeiros dígitos. A função se relaciona com a missão, por exemplo, cultura, educação, saúde, defesa, etc.

- Subfunção

   - A subfunção é representada pelos três últimos dígitos, representando um nível inferior.

      ✓ 12365 → Ministério da Educação (Educação Infantil)

      ✓ 01365 → Câmara dos Deputados (Educação Infantil

Programa

Classificação Programática

Essa classificação é facilmente encontrada no "Orçamento Programa", aqui a categorização programática associa cada despesa a um programa de governo.

6.2.2. ESTÁGIOS OU FASES DAS DESPESAS

T emos 4 fases: fixação, empenho, liquidação e pagamento. Perceba que o mnemônico "FELP" é formado com as iniciais de cada fase.

1ª Fase: Fixação

- É o processo de planejamento;

- É a dotação inicial da LOA, em consonância com o princípio do equilíbrio.

> Atenção: em 2016 essa fase foi (de certo modo) retirada, mas se a banca mencionar genericamente considere como correta.

E, se a banca vier falando que existem 3 fases: empenho, liquidação e pagamento, estará certo.

2ª Fase: Empenho

Existem subclassificações de empenho: **ordinário, por estimativa, global**.

- **Ordinário** (é o empenho comum)

Despesas de valores previamente conhecidas, cujo pagamento pode ser feito uma única vez (aquisição de materiais de consumo).

- Usado quando:

✓ O gestor conheço o valor;

✓ Conhece o vencimento;

✓ E que seja parcela única (não à vista, mas única);

- **Por estimativa** (as despesas são "fixas")

Estimativo (ou por estimativa): despesas de valor não previamente conhecidos, visto que não dá para se ter uma ideia do valor, pois o mesmo é variável (contas de luz, telefone).

- O gestor não conhece o valor;

- Conhece o vencimento

  ✓ Energia elétrica, água, gastos com escritório: cópias;

- **Global**

Global: utilizado em valores previamente conhecidos, mas que são pagos de modo parcelado (contrato de fornecimento de bens).

- **Conheço o valor;**

- **Conheço o vencimento;**

- **Pagamento parcelado.**

- Cancelamento do Empenho
  ◦ O cancelamento pode ser Parcial ou Total:

- **Parcial**

  - ✓ Quando o produto não foi entregue;

  - ✓ Empenho indevido;

- **Total**

  - ✓ Serviço não foi prestado.

3ª Fase: Liquidação

- É a fase das verificações (são 3 verificações):

  - 1 – A origem e o objeto do que se deve pagar;

  - 2 – A importância exata a pagar → por estimativa

  - 3 – A quem se deve pagar → fornecedor

4ª Fase: Pagamento

- Entrega do numerário (dinheiro) ao credor

  - Somente se houver recursos disponíveis

6.2.3. ASPECTOS DIVERSOS SOBRE AS DESPESAS

O regime misto de contabilização (reconhecimento), tem seu amparo legal no Art. 35 da lei 4320/64.

- Regime Misto:
  - As receitas por caixa
  - As despesas por competência

6.2.4. LIMITE DE DESPESAS COM PESSOAL

A rt.: 19 da LRF:

❖ I – União → **50%** da RCL;

❖ II – Estados e DF → **60%** da RCL;

❖ III – Municípios → **60%** da RCL.

FEDERAL	ESTADUAL	MUNICIPAL
Legislativo (TCU): 2,5%	Legislativo (TCE): 3%	
		Legislativo (TCM): 6%
Judiciário: 6%	Judiciário: 6%	
Executivo: 40,9%	Executivo: 49%	
		Executivo: 54%
MPU: 0,6%	MPE: 2%	

❖ Medidas:

· Cargos comissionados;

· Servidores não estáveis;

· Servidores estáveis.

Sobre a elevação de custos com pessoal nos últimos 180 dias do mandato, a LRF considera nulo o ato que resulte em aumento de despesa com pessoal.

Atenção para as **despesas nos oito últimos meses do mandato:**

O Art. 42 da LRF proíbe o órgão público contrair despesas nos dois últimos quadrimestres.

6.2.5. SUPRIMENTO DE FUNDOS

O Suprimento de Fundos, também denominado de regime de adiantamento, consiste na entrega de numerário a servidor para a realização de despesa precedida de empenho na dotação própria, que por sua natureza e excepcionalidade, não possa subordinar-se ao procedimento normal de processamento.

- Suprimento de fundos é um adiantamento concedido a servidor:
  - Esse adiantamento deve possuir um prazo determinado;
  - Haverá também uma posterior comprovação detalhada dos gastos.

Prazos:

- Concessão (Utilização ou Aplicação do valor adiantado)
  - Até 90 dias da concessão;
  - Desde que não ultrapasse *31/12;*
- Prestação de Contas
  - Até 30 dias da utilização;
  - Desde que não ultrapasse *15/01;*

Características:

1) Ele será sempre precedido de empenho;

2) Possui dotação própria;

3) Não pode subordinar-se ao processo normal de aplicação;

O que é processo normal?

Lembra dos estágios: Empenho, liquidação, pagamento? Então, o suprimento de fundos é mais célere, de tal forma que essas fases acontecem todas ao mesmo tempo, no mesmo dia que a verba é entregue;

4) Podem ser efetivas com Cartão Corporativo (CGPF)

5) Deve ser utilizado nos seguintes casos:

- a. Para atender a despesas eventuais, inclusive em viagem e com serviços especiais, que exijam pronto pagamento;

- b. Quando a despesa deva ser feita em caráter sigiloso, conforme se classificar em regulamento; e

- c. Para atender a despesas de pequeno vulto, assim entendidas aquelas cujo valor, em cada caso, não ultrapassar limite estabelecido em ato normativo próprio;

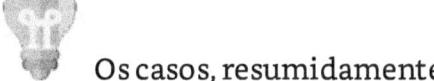

Os casos, resumidamente, são:
emergenciais (viagens),
sigilosas (operações policiais),

| pequeno valor (portaria do MF anualmente); |

6) Não pode ser concedido:

- a. A responsável por dois suprimentos;

- b. A servidor que tenha a seu cargo a guarda ou utilização do material a adquirir, salvo quando não houver na repartição outro servidor;

- c. A responsável por suprimento de fundos que, esgotado o prazo, não tenha prestado contas de sua aplicação; e

- d. A servidor declarado em alcance. (que cometeu irregularidades)

- e. A servidor que esteja respondendo Inquérito Administrativo. (embora não esteja em rol na lei, alguns órgãos consideram em normas internas)

- f. A servidor cujas contas estão tomadas (TCU toma para conferir)

- g. A servidor que se confunda com o ordenador da despesa, exceto em casos de viagem

7. RAP, DEA, DÍVIDA PÚBLICA, OUTROS

7.1. RESTOS A PAGAR

R estos a pagar, segundo a lei 4.320/64, são:

- Despesas legalmente empenhadas, mas que não foram pagas até 31/12

Esses restos a pagar, por sua vez, subdividem-se em restos a pagar **processados** e restos a pagar **não processados**.

Processados

❖ Despesas <u>liquidadas</u>, ou seja, quando o credor cumpriu as suas obrigações, tendo, então o direito ao pagamento.

Não processados

❖ Despesas <u>não liquidadas</u>, ou seja, aquelas que dependem da prestação de serviços ou da entrega do material.

Observações gerais:

❖ Os RAPs fazem parte da dívida flutuante (ou seja, são de curto prazo);

❖ Os RAPs são considerados como receitas extraorçamentárias do exercício seguinte;

❖ Os RAPs são considerados como despesas orçamentárias na sua inscrição;

❖ É **vedada** a inscrição de RAP não processado sem que haja disponibilidade de caixa.

7.2. DESPESAS DE EXERCÍCIOS ANTERIORES

As Despesas de Exercícios Anteriores são fixadas no orçamento vigente recorrente de compromissos surgidos em exercícios anteriores.

São despesas orçamentárias e não se confundem com Restos a Pagar (RAP). Quando não há empenho, será despesa não processada (não empenhada); e processada (empenhada).

> Atenção nesse ponto!
>
> "Processada" e "não processada" se referem a despesa, não confundir com "liquidação processada" e "liquidação não processada".

- Se foram empenhadas, houve o cancelamento;
- Para que exista o pagamento será apurado o direito do credor e o valor correspondente.

7.3. DÍVIDA PÚBLICA

A Dívida Pública subdivide-se em Ativa e Passiva.

Dívida Ativa

- Dívida Ativa (Receita)

❖ Quando o Estado tem o direito de receber (é o credor);

Dívida ativa divide-se em **tributária** e **não tributária**.

- **Tributária**

    - Relacionada a tributos (impostos, contribuições de melhorias, taxas);

- **Não Tributária**

    - ex.: aluguel de um prédio público que estava sem uso;

❖ Liquidez → está ligada a uma **pessoa** e ao **valor;**

❖ Título do executivo;

❖ Enfoques da dívida ativa será

- Patrimonial; ou

- Orçamentário.

Enfoques	Patrimonial	Orçamentário
Inscrição	Existe Receita	Não Existe Receita
Recebimento	Não Existe Receita	Existe Receita

Dívida Passiva

- Dívida Passiva (Despesa)

- ❖ Quando o Estado tem a obrigação de pagar (é o Devedor);

- ❖ Divide-se em Fundada e Flutuante

  - Fundada (Consolidada)

    - Longo prazo;

    - Ex.: empréstimos, financiamentos;

  - Flutuante (Não consolidada)

    - Curto prazo;

    - Ex.: RAP, Serviço da Dívida (valor principal, amortizações), Cauções, Débitos de Tesouraria;

7.4. CONTA ÚNICA DO TESOURO NACIONAL

SIAFI (Sistema de Gestão Financeira) está intimamente ligado à Conta Única do Tesouro Nacional.

Aqui teremos o Princípio unidade de caixa:

❖ Também conhecido como Unidade de Tesouraria;

❖ Tal princípios estabelece que deve existir somente uma conta para movimentação;

❖ Ajuda a cumprir com o Princípio da Unidade Orçamentária;

· Características:

❖ **Mantida** no Banco Central

· Desde 1988 (aproximadamente);

· **Operacionalizada** pelo Banco do Brasil (e outros agentes autorizados pelo Ministério da Fazenda),

· Recolhimento dos valores à conta única é feito mediante GRU (Banco do Brasil),

· Ao realizar esse recolhimento, o banco **não** pode cobrar taxas.

· Receitas

· Previsão;

- Lançamento;
- Arrecadação;
- **Recolhimento (Regime de Caixa).**

Primeiro as Receitas entram na Conta Única. Depois saem da Conta Única através das Despesas.

- Despesas

❖ Empenho (Regime de Competência);

❖ Liquidação;

❖ Pagamento.

7.4.1. SIDOR

O SIDOR (Sistema Integrado de Dados Orçamentários) está em desuso.

- · Era utilizado para elaboração.

- · Foi substituído pelo **SIOP**;

- · Se aplicava ao PLOA;

❖ Era registrada toda a programação orçamentária.

7.4.2. SIOP

SIOP (Sistema Integrado de Planejamento e Orçamento) é utilizado para elaborar o orçamento. Enquanto o SIOP elabora, o SIAFI executa.

Foi desenvolvido para substituir o SIDOR e o SIGPLAN.

Objetivos

- Promover mecanismos adequados ao registro e controle dos processos de planejamento e orçamento;

- Fornecer meio para agilizar o processo de elaboração do PPA, LDO, e LOA e a tramitação de pedidos de alterações;

- Fornecer fonte segura e tempestiva de informações orçamentárias, destinadas a todos níveis da administração;

- Integrar e compatibilizar as informações disponíveis nos diversos órgãos e entidades;

- Orçamento transparente;

Funções

- I – elaboração do PLDO: ferramentas para que todos os envolvidos no processo possam propor alterações ao texto do Projeto de Lei;

- II – elaboração do PLOA: ferramentas para estimativa de receitas, revisão dos cadastros (Ações, Localizadores e Planos Orçamentários), fixação dos limites, captação da proposta e formalização dos Volumes do Projeto de Lei;

- III – elaboração e revisão do Projeto de PLPPA: ferramentas para revisão dos cadastros (Programas, Indicadores, Objetivos, Iniciativas, Medidas Institucionais e Financiamentos Extraorçamentários), fixação dos limites plurianuais, captação da proposta plurianual e formalização dos Anexos ao Projeto de Lei;

- IV – alterações orçamentárias: ferramentas para permitir os ajustes necessários ao orçamento durante a execução: créditos suplementares, créditos especiais, créditos extraordinários e ajustes em classificações;

- V – acompanhamento das Estatais: ferramentas para permitir acompanhar a execução orçamentária das Empresas Estatais; e

- VI – acompanhamento orçamentário: ferramentas para permitir o registro físico das Ações orçamentárias da União, bem como da arrecadação das receitas previstas.

Estrutura

- Está estruturado em subsistemas
- Que se dividem em módulos
- Por fim, temos os eventos

7.4.3. SIAFI

De acordo com o Site do TESOURO NACIONAL, os objetivos principais do SIAFI são: [xii]

a) prover mecanismos adequados ao controle diário da execução orçamentária, financeira e patrimonial aos órgãos da Administração Pública;

b) fornecer meios para agilizar a programação financeira, otimizando a utilização dos recursos do Tesouro Nacional, através da unificação dos recursos de caixa do Governo;

c) permitir que a contabilidade pública seja fonte segura e tempestiva de informações gerenciais destinadas a todos os níveis da Administração Federal;

d) padronizar métodos e rotinas de trabalho relativas à gestão dos recursos públicos, sem implicar rigidez ou restrição a essa atividade, uma vez que ele permanece sob total controle do ordenador de despesa de cada unidade gestora;

e) permitir o registro contábil dos balancetes dos estados e municípios e de suas supervisionadas;

f) permitir o controle da dívida interna e externa, bem como o das transferências

g) integrar e compatibilizar as informações no âmbito do Governo;

h) permitir o acompanhamento e a avaliação do uso dos recursos públicos; e

i) proporcionar a transparência dos gastos do Governo.

7.5. DESCENTRALIZAÇÃO DE CRÉDITO E MOVIMENTAÇÃO DE RECURSOS

Termos importantes sobre o tema:

Dotação: é a quantia de recursos financeiros autorizados por lei.

Cota: é o remanejamento de recursos financeiros do órgão central de programação financeira para os órgãos setoriais.

Descentralização de créditos (dotação de crédito):

Destaque: descentralização **externa** de crédito efetuada em órgãos distintos.

Provisão: descentralização interna de crédito efetuada no mesmo órgão.

Movimentação de recursos

Repasse: descentralização externa de dinheiro para órgãos distintos.

Sub-repasse: descentralização **interna** de dinheiro para o mesmo órgão

Dica para facilitar a memorização:

- Dotação (Crédito)

  ✓ Começa com "D" e termina com "ão" Destaque (Externa) e Provisão (Interna)

- Recurso

  ✓ Começa com "R" – Repasse (Externa) e Sub-repasse (Interna)

CONTATO

E-mail:

rroliverlivros@gmail.com

A jornada é longa, mas no final terá valido a pena.

Que venha a aprovação!

REFERÊNCIAS

[i] Giacomoni, James. Orçamento Público, 16ª edição, editora Atlas, 2012

[ii] Prof. Sergio Mendes, Resumo para o TJPE, 2017, Estratégia

[iii] Sanches, Osvaldo Maldonado: O ciclo orçamentário: uma reavaliação à luz da Constituição de 1988, pág. 54-76

[iv] Prof. Anderson Ferreira, IMP, 2017

[v] Novo Princípio do Orçamento Impositivo, https://www2.camara.leg.br/orcamento-da-uniao/cidadao/entenda/cursopo/principios

[vi] Silva (2008)

[vii] Equipe Pedagógica Gran Cursos Online, 2020

[viii] Anderson Ferreira, IMP, 2017

[ix] Paludo, 2013

[x] Pág. 24, MTO 2018, 3ª versão

[xi] Portaria STN/SOF 338/2006

[xii] https://www.cnm.org.br/ cms/ images/ stories /Links/ 04022014_ Contabilidade_ AnexoI_ RECEITA_ ORCAMENTARIA_ Minuta .pdf

www.ingramcontent.com/pod-product-compliance
Lightning Source LLC
Chambersburg PA
CBHW070551220526
45467CB00003B/1162